本书为华北水利水电大学2017年度校级教育教学改革研究~
下的大学外语教学研究"的阶段性成果

多元化视角的现代应用翻译理论研究与实践

◎喻 珊/著

中国水利水电出版社
www.waterpub.com.cn

·北京·

内 容 提 要

本书内容以应用文体翻译为主，在主要论述翻译的概念、价值、翻译研究相关理论的基础上，对应用文体的特征及其翻译要求进行论述，将功能翻译理论引入应用翻译研究，探讨了该理论对应用翻译研究的指导作用。以此作为铺垫，选取了相关文本（商贸文本、广告文体、科技文体、法律文书等），对这些应用文本的文本类型和语言特征、文本功能和翻译目的进行讲解，并就代表性的文本翻译进行示例讲解，更具有针对性。

本书的读者对象为广大高校学生、从事翻译教学与研究的教师、参与翻译工作的社会人士。

图书在版编目（CIP）数据

多元化视角的现代应用翻译理论研究与实践／喻珊
著. – – 北京：中国水利水电出版社，2018. 8（2024.1重印）
ISBN 978 – 7 – 5170 – 6802 – 0

Ⅰ.①多… Ⅱ.①喻… Ⅲ.①翻译 – 研究 Ⅳ.
①H059

中国版本图书馆 CIP 数据核字（2018）第 202134 号

责任编辑：陈 洁　　　封面设计：王 伟

书　名	多元化视角的现代应用翻译理论研究与实践 DUOYUANHUA SHIJIAO DE XIANDAI YINGYONG FANYI LILUN YANJIU YU SHIJIAN
作　者	喻珊 著
出版发行	中国水利水电出版社 （北京市海淀区玉渊潭南路 1 号 D 座 100038） 网址：www. waterpub. com. cn E – mail：mchannel@263. net（万水） 　　　sales@ waterpub. com. cn 电话：（010）68367658（营销中心）、82562819（万水）
经　售	全国各地新华书店和相关出版物销售网点
排　版	北京万水电子信息有限公司
印　刷	三河市兴国印务有限公司
规　格	170mm×240mm　16 开本　15.5 印张　227 千字
版　次	2018 年11月第 1 版　2024 年 1 月第 2 次印刷
印　数	0001 – 2000 册
定　价	63.00 元

前　言

随着经济全球化进程不断加快,国际交往日益频繁,翻译在各国经济文化交流中扮演着越来越重要的桥梁作用。社会对翻译的需求日益增加,翻译实践已从传统的文学翻译领域走向各种应用翻译领域。对于翻译学这门学科的发展来说,引进国外的理论和方法很重要,但更重要的是要结合我国的翻译实践、翻译教学与研究。在中国,传统翻译学的继承性研究、相关学科的吸融性研究以及方法论的多层次研究等几个重要领域,也都缺乏高水平的系统研究。为了进一步推动翻译学的研究与发展,研究者们要不断地挑战、不断地拓展、不断地创新、不断地升华。翻译服务已经渗透到经济、文化、科技等各个领域,社会对高质量应用翻译人才的需求越来越迫切。要做好翻译,这两方面的知识必不可少:一是源语和目的语在语言、文化方面有哪些异同,翻译时如何处理;二是源语和目的语中都有哪些文体、各具有什么特点及如何翻译。

作者以"多元化视角的现代应用翻译理论研究与实践"为选题,从不同的方面和角度,上古至今,从国内到国外,对现代应用翻译进行了全面系统的研究和阐述。全书共七章,其中第一章对翻译的定义及其发展和价值、翻译研究的范畴及途径做了详细的解读;第二章和第三章从整体上对应用翻译的理论体系与翻译策略、功能翻译理论的应用翻译策略进行了探讨;最后四章是应用翻译实践,分别从商贸文本、广告文体、科技文体和法律文书这四方面进行了深层次的诠释。

本书的撰写涵盖了几方面特色:一是系统性,作者全面地对现代应用翻译进行了探讨和解读,从多个方面和角度结合实际状况做出了相关阐述;二是科学性,书中引入了大量的翻译研究理论和科学研究成果,引用了多个学者的著名论述和研究;三是论证性,作者对书中的理论和专业内容都不同程度地通过相关的事例进行了补充说明,便于学习者更好地理解和阅读。

　　本书在写作过程中,参考和借鉴了国内外学者的相关理论和研究,在此深表谢意。由于时间紧迫,书中不足之处在所难免,烦请提出宝贵意见,以便修正。

作　者

2018 年 6 月

目 录

第一章　翻译研究综述

随着中国文化"走出去"战略的推进，担负重要使命的中国翻译研究渐入"百花齐放、百家争鸣"之境。本章主要论述翻译的定义及其发展、价值、翻译研究的范畴及途径。

第一节　翻译及其发展

一、认识翻译

人们认识事物的本体往往从该事物的性质开始。翻译众所周知，但要准确全面地定义也并非易事。

（一）先贤之说

人们从不同认识、不同角度、不同需要对翻译下了无数定义，下面来阐述其中有代表性的几个。

蒋翼振于 1927 年发表的《翻译学通论》在当时看来甚为震撼，影响巨大。在世界学术史上，词语意义的"翻译学"从此诞生。蒋氏对翻译学的定义很简单：用乙国的文字或语言去叙述甲国的文字或语言；更将甲国的精微思想迁移到乙国的思想界里，不增不减本来的面目；更将两国或两国以上的学术做个比较研究，求两系或两系以上文明的化合，这个学术，叫作翻译学。

蒋氏的话以分号为界分三段，前二段涉及翻译，后一段直指翻译学，方法论上是比较（研究）和综合（化合）。可见，在 80 多年前我国学人就具有远见卓识，萌发了翻译学思想，尽管远远不如当今的翻译学学科，可惜国人在此后的一段时期内并未紧随其后做系统研究，对翻译学有所建树。在此后半个多世纪的时间长河中，虽然我国译家译论不断，再现了传统译论的精髓，但翻译学作为一门相对独立学科似仍渺茫。

著名文学家茅盾在 1954 年发表的《为发展文学翻译事业和提高翻译质量而奋斗》一文中，全面阐述了翻译概念，尤其在文学翻译方面："对于一般翻译的最低限度的要求，至少应该是用明白畅达的译文，忠实地传达原作的内容。……文学翻译是用另一种语言把原作的艺术意境传达出来，使读者在读译文的时候能够像读原作时一样得到启发、感染和美的感受。"他又说，文学翻译"不是单纯技术性和语言外形的变易"，而是"通过原作的语言外形，深刻地体会了原作者的艺术创造的过程，把握住原作的精神，在自己的思想、感情、生活体验中找到最合适的印证，然后运用适合于原作风格的文学语言，把原作的内容形式正确无遗地再现出来"。茅盾从文学角度来阐释翻译，根据他的论述，他是站在文学的立场上分析翻译。基于茅盾的阐述，有人概括地提出：翻译是艺术，是创作，是科学，是技术。这里笼统地指出翻译的四个方面的特征，但并未对"翻译"一词作有效的界定。

从语言学的角度来定义翻译，首先要区分语言和言语两个概念，把翻译看成是具体言语的转换，而不是语言系统的转换。卡特福德认为翻译是"把一种语言（译出语）的话语材料转换成另一种语言（译入语）中对等的话语材料"。一般辞书则给出比较通俗的、不带学科倾向的定义。上海辞书出版社 2010 年版的《辞海》将翻译定义为"把一种语言文字的意义用另一种语言文字表达出来"。商务印书馆 1996 年版的《现代汉语词典》则补充了"翻译"的内涵，表达为"把一种语言文字的意义用另一种语言文字表达出来（也指方言与民族共同语、方言与方言、古代语与现代语之间一种用另一种表达）；

把代表语言文字的符号或数码用语言文字表达出来"。

上述两项表达都强调语言文字的翻译，即笔译，而翻译的概念显然应包括口译。《不列颠百科全书》给出的定义较好地解决了这一矛盾：A continuous concomitant of contact between two mutually incomprehensible tongues and one that does not lead either to suppression or extension of either is translation.（New Encyclopedia Britannic Macropedia）其意为：两种语言不通的人，在接触过程中需要伴随一种连续的手段，这种既不扩大又不缩小原意的手段就叫作翻译。concomitant 意为"相伴物""伴随的情况"，这实际上包括口头的伴随过程（口译）及书面的相伴材料（笔译）。

以上从语言学角度的定义和三种工具书所提出的定义都只强调意义的准确表达，对翻译过程中形式的处理没有规定。即，没有顾及翻译的意境、文体、功能和目的等，因此作为翻译学科的术语是不充分的。

美国翻译理论家奈达在给翻译下定义时局部克服了上述缺陷。他说："所谓翻译，是指从语义到文体在译语中用最贴切而又最自然的对等语再现源语的信息。"奈达的表达一度为译界更多人所接受，有以下几方面的原因。

第一，奈达把翻译的逻辑重点放在"再现源语信息"（物质、能源、信息是当代人类社会赖以存在的三大支柱，三者是流动的。在信息流动中，翻译的功能在于"再现源语信息"）。

第二，奈达表示，在翻译时，文体风格和语义同样重要，他强调"如实地传递原文的信息"，其中包括文体风格方面的信息。

第三，奈达所说的"最贴切"是对原文内容而言的；即译文要忠实于原文，而"最自然"就针对翻译用语方面，尽量做到自然通顺，使读者在阅读完译文后与原文读者感受相同。

随着社会的进步和科学技术的发展，翻译概念的内涵越来越丰富了，界定概念的定义需要不断完善，以更精确、更全面地反映现实。

有几方面的原因：①相邻学科的发展，加深了人们对翻译的认识；②翻译操作的对象不局限于自然语言；③社会对译品需求的形式多样，不局限于完整的语篇，不一定需要"从语义到文体"再现源语的全部信息，可能要求部分地或综合地再现源语信息。再说，翻译不仅仅是由人直接参与的口译或笔译，可以是光电编码器信号的转换、人机互译、机器翻译等。对此，奈达给翻译所下的定义又不完全适用了。例如，在自动数据处理中，翻译被定义为："将计算机信息从一种语言转换成另一种语言，或将字符从一种表示转换成另一种表示。"

（二）当代之说

"翻译"在英文中有以下五种不同的词义和用法：

（1）翻译过程（translating）。

（2）翻译行为（translate/interpret，例如：他正在翻译一篇文章）。

（3）翻译者（translator/interpreter，例如：请个翻译来）。

（4）译文或译语（translation/interpretation，例如：他的翻译不地道）。

（5）翻译工作（事业）［translation，例如：他干什么的？搞翻译（工作）的］。

在《译学辞典》（2004）中按"翻译过程"定义"翻译"：翻译是按社会认知需要，在具有不同规则的符号系统之间传递信息的语言、文化、思维活动。这一定义包含三层意思：①翻译的目的在于满足不同的"社会认知需要"；②翻译活动的操作空间存在于"具有不同规则的符号系统之间"；③翻译的性质是传递信息的语言、文化、思维活动。

翻译离不开社会认知的需要。自古以来，翻译总是按一定的社会集团利益来进行的。我国古代的佛经翻译，明清时期的"西学东渐"，"五四"时期的新思潮的引进，以及改革开放后的翻译，无不是为了适应社会的需要。除了社会需要之外，翻译的认知需要也包括个人需要。例如，有人以翻译为手段聊以自勉、自习、自用、自娱等。但是翻译研究把翻译活动看成是一种社会活动，因为传递信息的符号一般具有社会性。根据社会需要，翻译分为不同类型的口译和不同形式的笔译。

语言是人类传递信息的最重要的符号系统。译者主要跟语言符号打交道，所以"不同规则的符号"主要指不同的语言符号系统（此外，还有计算机语言、工程图学语言等人工语言）。语言、文化与社会不可分割，所以"传递信息"不是单纯的不同规则的转换，而是语言的具有社会意义和文化意义的转换与传递。语言深深地植根于民族的文化之中，生动地反映着民族的生活方式、风俗习惯、文化传统和心理特点。翻译必然涉及两种语言的不同文化。

语义、文体风格等一些信息内容通过口头的或书面的翻译进行传递，同时翻译也传递着文化思维的活动，思维在翻译活动中一般都要通过人类思维这一重要的智力媒介，即使是机器翻译，也是人类思维的间接表现方式。上述定义中没有对传递的质量加定语，诸如"等值的""等效的""动态对等的"等。进入社会的译语或译品就像别的社会产品那样，可能是优等的、合格的或次劣的，应有一定的标准来衡量。

二、中国翻译的发展

翻译是人类历史上最悠久的文化交流活动，更是一种创造性的语言工作。应用英语翻译及其标准的发展也不例外。对应用英语标准的看法随着不同的历史时期、不同的社会背景和不同的视角而不同。纵观历史，我国应用英语翻译的历史发展及其标准的变化大致可以分为三个阶段。

（一）我国翻译的起源

1. "信、达、雅"的雏形
我国的翻译事业约有两千年的发展历史，是受佛经翻译的启发，而佛经翻译早在东汉桓帝建和二年就已经出现，佛经的翻译名人支谦强调的是"信"，既传递原著的真实性内容，一直到唐代翻译家，如玄奘的翻译理论和实践中依旧讲究的是"信"。支谦的翻译标准之一还有"雅"，这一点从他反对将炎不雅的翻译中就能得出，与支谦同时代的其他翻译家讲究"今传胡义，实宜径达"，由此"达"也是当时的翻译标准之一。因此，这一阶段可以说是翻译标准"信、达、雅"的雏形阶段。

2."直译"与"意译"

由于不精通梵文，所以选择严格的直译来避免译错，《毗婆沙》就是按照直译的方式，逐句翻译。而到了西域，龟兹人鸠摩罗什通过研究之前的佛经翻译译文，发现其不足之处，所以他不主张采用直译，而是转变成意译，不仅弥补了音译的缺点，同时又生动地展现了原著的风貌，奠定了我国文学翻译的基础。

3."忠实"与"通顺"

玄奘在唐太宗二年远去印度学习 17 年，在回国之后，他通过汉文、梵文的相互翻译，成功地把汉文著作推广到各国，从此文字翻译出世。他遵循的"忠实、通顺"标准在当今翻译界仍存在影响力。

（二）我国翻译的发展

1."信、达、雅"的发展

谈到翻译标准，大多以文学翻译为核心。特别值得一提的是严复和他的"信、达、雅"翻译标准。严复是我国清末新兴资产阶级的启蒙思想家，他照古代翻译佛经的经验，根据自己翻译的实践，提出了著名的"信、达、雅"翻译标准。随后的一百年，这一标准被许多翻译家认可，积极引导着翻译活动进行，但是，他所谓的"雅"，是一味地强调译文自身的典雅，比如要是运用了上等的文言文句法，就会显得译文形式上高雅。对其"雅"从一开始便有争议。激进派在白话文出现以后开始了其声讨之事，尽力推翻"雅"这个标准。因此可以看出人们对"雅"字却有很大争议，而"信、达"两个标准则被人们认可。

2. "神韵"的发展

"神韵"一词在 20 世纪 20 年代开始萌芽，茅盾针对这一词发表了自己的看法："在文学翻译中，宁失"形貌"而不失"神韵"，因为一篇译文的"神韵"代表着原著的灵魂，形象地传递原著的感人之处是文学翻译所追求的目标。"因此可以看出"神韵"的重要性，20 世纪 50 年代傅雷在"神韵"的基础上提出了"神似"的概念。

3. "三美论"的发展

20 世纪 70 年代末我国翻译事业出现了一次高潮。受西方翻译理论的熏陶，有些学者试图延续严复的翻译理论并作出改善。有人干脆说："还是'信、达、雅'好。"时代不同了，人们站在不同的角度，以不同的思维方式对严复的"信、达、雅"赋予了新的内容和解释。他们认为"雅"已不再是严复所指的"尔雅"和"用汉以前字法、句法"，而是指"保存原作的风格"。熟知英法两种语言的许渊冲先生在"雅"字标准的基础上提出了"三美论"，强调在音、意、形三方面注重文学翻译。

（三）我国翻译的发展趋势

与文学翻译注重传达原著的艺术审美和文学欣赏不同，非文学翻译强调的是有效地传递信息的实用性翻译，并且涵盖政治、经济等多个社会领域，由此可见，非文学翻译不仅具有较强的实用性，应用面也极其广泛。

随着国际间商贸合作和对外交流活动的日益增多，非文学翻译是我们在日常工作中遇到的最多的翻译情况，特别是各类实用文体的翻译，更是广泛地运用在各个行业中，如科技、外交、法律、经济、贸易、金融、旅游、传媒等。在世界经济进入信息化、科技化、一体化、全球化之前，"以文学翻译为中心"也许无可厚非。然而，非文学翻译随着世界经济的快速发展被大量地需求。

对于现在的翻译事业来说，对非文学翻译需求量远远超出了文学翻译。所以大多数的用人单位看重的是毕业生是否能准确地翻译经济、科技等这些非文学翻译资料，对文学资料的翻译并没有过多要求。文学翻译讲究的是保留文学的艺术美感和文学价值，而非文学翻译注重的是译文的实用性和应用性，比较考验翻译者的学科基础理论知识、独特的语言结构和专业词汇等。

著名翻译学者李长栓在其著作《非文学翻译与实践》中指出，非文学翻译的标准是"方法得当、意思准确、语言朴实"。这个标准无疑也是非文学翻译的基本原则和准绳。方法得当首先指的是翻译工具的选择和使用。在现代信息化社会，翻译工具经历了彻底的革命。从原来单一的英汉词典和汉英词典到现代英汉和汉英双解词典，从费时费力的纸质词典到快捷的电子词典，还有微软公司开发的具备翻译功能的软件。适应并选择现代化的翻译手段，能大大提高翻译的速度和翻译的准确性，取得较好的翻译效果。从理论层面上讲，方法得当指的是翻译技巧的选择和使用。

在非文学翻译中，译者可以通过概括原文信息、改换原文形式、增补删减内容等方式适当地进行调整，以便满足读者的阅读兴趣。这些翻译的方法和技巧基本上都不符合我国传统文学译论的标准，但却都是非文学翻译中行之有效的惯用方法。非文学翻译的核心标准是准确。在非文学翻译中，准确更具有现实的意义。例如，法律、医药等关系到人的生命安全的文本翻译和条约、协议等影响谈判合作的翻译，都不允许出现丝毫的差错，否则就会造成严重的后果。

三、西方翻译的发展

《旧约·创世记》中说，上帝创造了人，又因人类作恶多端，故发大洪水淹灭。大洪水过后，人们由西向东迁徙，来到一处平原，于是停下来修建一座城和一座塔，塔顶要通天。上帝大惊，不悦，遂使人的口音变乱，彼此不通言语，无法进行交流，停止修塔，散居各地。这或许可以看作产生翻译的原始根源。一般认为，西方翻译理论可分为五个时期，即古代时期、中世纪时期、文艺复兴时期、近代时期和现（当）代时期。西方翻译理论较之于中国翻译理论更加系统、全面，有较完整的体系和清晰的发展脉络。

（一）古代时期的翻译

西方古代第一部重要的译作是《圣经·旧约》的希腊语译本。公元前285年，72名知识渊博的希腊学者遵从埃及国王托勒密二世费拉德尔弗斯的旨意，聚集在亚历山大图书馆，为散居在各地的犹太人将用希伯来语写成的《圣经·旧约》译成希腊语。历时36年方得以完成，称为《七十子希腊文本》。公元4世纪末5世纪初，著名神学家哲罗姆（347—420）奉罗马教皇之命，成功地组织了《圣经》的拉丁文翻译，并将其命名为《通俗拉丁文本圣经》。该译本后来成为罗马天主教承认的唯一圣经文本。

西方翻译理论发源于公元前1世纪。古罗马帝国政治家和演说家西塞罗发表了著名的《论演说术》。在这篇演说中他说："我认为，在翻译时，逐字翻译是不必要的，我所做的是保留原文的整体风格及其语言的力量。因为我相信，像数硬币一样地向读者一个个地数词，不是我的责任，我的责任是按照它们的实际重量支付给读者。""按实际重量支付"即"保存原文的全部意义"。这段话首次谈到了直译和意译，明确提出反对逐字翻译。

这个时期，翻译家们大都根据自己的翻译实践对翻译进行分析和论述，主要集中在直译还是意译这类问题上。奥古斯丁是与哲罗姆同时代的神学家、哲学家，对翻译理论有许多深刻的见解。他认为，翻译的基本单位是词；翻译有三种风格，即朴素、典雅、庄严，其选用取决于读者的需求。他从亚里士多德的"符号"理论出发，认为忠实的翻译就是能用译入语的单词符号表达源语单词符号指示的含义，即译语词汇和源语词汇具有相同的"所指"。这套理论对后世有深远的影响。

（二）中世纪时期的翻译

中世纪时期即西罗马帝国崩溃至文艺复兴时期。英国阿尔弗雷德国王（849—899 年）是一位学者型的君主，用古英语翻译了大量的拉丁语作品，常常采用意译法，甚至近于创作。11—12 世纪，西班牙中部地区的托莱多形成了巨大的"翻译院"，主要内容是将阿拉伯语的希腊作品译成拉丁语，接续欧洲断裂的文化传统。

中世纪末期出现了大规模的民族语翻译，促成了民族语的成熟。英国的乔叟翻译了波伊提乌的全部作品和薄伽丘的《菲洛斯特拉托》等，德国的维尔翻译了许多古罗马作品，俄国自基辅时期起翻译了不少希腊语和拉丁语作品，其著名的翻译家有莫诺马赫、雅罗斯拉夫等。翻译理论的代表人物有罗马神学家、政治家、哲学家和翻译家曼里乌·波伊提乌。他提出翻译要力求内容准确，而不要追求风格优雅的直译主张和译者应当放弃主观判断权的客观主义观点，这在当时产生了较大的影响。

（三）文艺复兴时期的翻译

从 14 世纪至 17 世纪初，西方翻译进入繁荣时期，产生了许多具有代表性的翻译家和有影响的翻译理论。英国翻译题材广泛，历史、哲学、伦理学、文学、宗教著作，无所不及。查普曼先后翻译了荷马史诗《伊利亚特》和《奥德赛》，成就卓越。他认为翻译既不能过于严格，亦不能过分自由。人文主义者廷代尔，以新教立场翻译《圣经》，面向大众，通俗易懂，又兼具学术性与文学性，取得了巨大的成功。然而，他的翻译触犯了当时的教会权威。荷兰德是英国 16 世纪最著名的翻译家，其翻译的题材多样，尤以历史翻译见长，著名作品有里维的《罗马史》、绥通纽斯的《十二恺撒传》等。

法国的阿米欧于 1559 年翻译了《希腊、罗马名人比较列传》，内容忠实，文笔清新自然。他主张译者必须充分理解原文，译文要淳朴自然。语言学家、人文主义者多雷在其《论如何出色地翻译》中提出了翻译的基本准则：译者要完全理解翻译作品的内容；要通晓所译语言；语言形式要通俗；要避免逐字对译；要注重译文的语言效果。

德国主要有路德的《圣经》翻译，遵循通俗、明了、大众化的原则，在官府公文的基础上吸收了方言精华，创造了本民族普遍接受的文学语言形式，为德国文化的发展作出了杰出贡献。路德认为，翻译必须采用平民化的语言；必须注重语法和意思的联系；必须遵循一些基本的原则。路德之所以能在翻译实践上取得成功，是和他的理念分不开的。德国另一位代表人物伊拉斯谟认为，翻译必须尊重原作；译者必须要有丰富的语文知识，必须保持原文的风格。

总体而言，这一时期对翻译的认识和讨论十分热烈，由此奠定了西方译学的理论基础。

（四）近代时期的翻译

从 17 世纪至第二次世界大战结束的近代时期是西方翻译的黄金时期。1611 年，英国出版了《钦定本圣经》，译文质朴典雅，音律和谐，是一部罕见的翻译杰作。不久，谢尔登译出了塞万提斯的《堂·吉诃德》。蒲柏于 1715—1720 年在查普曼的基础上重译了《伊利亚特》和《奥德赛》。莪默·伽亚谟的波斯语作品《鲁拜集》于 1859 年有了第一个英语译本，后几经修订，跻身英国翻译史上最优秀的译作之列。17 世纪法国文坛盛行古典主义，因此翻译以古希腊、古罗马的文学作品为主；18 世纪，法国向往古老神秘的中国，翻译了不少中国作品，元曲《赵氏孤儿》就是这个时期译介到法国的；19 世纪以西方各国文学的翻译为特色，莎士比亚、歌德、但丁、拜伦、雪莱的许多作品都有了法语译本。

这个时期的翻译理论较为全面、系统，具有普遍性。其代表人物有英国的约翰·德莱顿、亚历山大·弗雷泽·泰特勒，法国的夏尔·巴托。德莱顿对翻译进行了较为系统、全面的研究，认为翻译是一门艺术，译者必须掌握原作的特征，服从原作的意思，翻译的作品要考虑读者的因素。同时还将翻译分为三大类：逐字译、意译和拟作。泰特勒在1790年撰写的《论翻译的原则》一书中提出著名的"翻译三原则"：①译作应完全复制出原作的思想；②译作的风格和手法应与原作保持一致；③译作的语言应具备原作的通顺。

进入19世纪，德国逐渐成为翻译理论研究的中心。代表人物有神学家、哲学家施莱尔马赫，文艺理论家和翻译家施雷格尔，语言学家洪堡特。翻译研究的重点集中在语言和思想方面，逐步形成了一定的研究方法和翻译术语，从而把翻译研究从某一具体篇章中抽象分离出来，上升为"阐释法"。这种方法由施莱尔马赫提出，施雷格尔和洪堡特加以发挥。施莱尔马赫在《论翻译的方法》一文中较为全面地论述了翻译的类型、方法、技巧，形成了比较系统的翻译理论，在19世纪产生了重大影响，至今仍具有一定的现实意义和作用。其主要内容包括以下几点：①翻译分为笔译和口译；②翻译分真正的翻译和机械的翻译；③必须正确理解语言思维的辩证关系；④翻译有两条途径，一条是尽可能忠实于作者，另一条是尽可能忠实于读者。

洪堡特进一步认为：语言决定思想和文化，语言差距太大则相互之间不可翻译，可译性与不可译性是一种辩证关系。洪堡特关于"可译性"与"不可译性"的论述在今天同样具有重要的借鉴意义。

（五）现（当）代时期的翻译

众所周知，20世纪上半叶爆发了两次世界大战，翻译和翻译理论研究受到极大的破坏而驻足不前，其间几乎没有有影响的翻译和翻译理论研究。然而，第二次世界大战以后，翻译和翻译理论研究则在西方迅速恢复并很快进入一个繁荣时期。西方现（当）代翻译理论时期指从第二次世界大战结束至今，这一时期在翻译范围、形式、规模和成果方面都是历史上任何时期都无法比拟的。翻译理论研究在深度和广度方面亦取得了突破性的进展。

这一时期，由于受现代语言学和信息理论的影响，理论研究被纳入语言学范畴，带有较为明显的语言学色彩；同时，由于在理论研究中文艺派的异常活跃，又使翻译理论研究带有明显的人文特征。所以，翻译理论的研究大都走科学与人文结合的道路。而且，翻译研究更加重视研究翻译过程中所有的重要因素，包括语言使用者的社会因素等，以及它们之间的相互关系和产生的相互影响，并以此解决翻译中的各种问题，使翻译这门学科具有较为成熟的学科特征。

现（当）代翻译理论时期涌现出一大批在翻译理论与实践方面成绩卓著的人物，并逐渐形成了流派，主要包括布拉格学派、伦敦派、美国结构派、交际理论派，或语言学派、交际学派、美国翻译研讨班学派、文学－文化学派、结构学派、社会符号学派。这些学派的研究使西方翻译理论逐渐形成体系，趋于成熟。

第二节　翻译的价值

一个独立的社会群体往往会有一套完整的价值体系。面对翻译，人们遵从特定的价值基准而抱有一套信念、原则和标准。翻译的价值一般侧重于社会文化交际价值、美学价值和学术价值。

一、翻译的社会文化交际价值

社会的变革、文化的进步往往与翻译分不开。历史上许多著名的翻译家都以促进社会进步、弘扬优秀文化为己任。

严复以探究"格致新理"来促进国家富强，他是以译书来实现其价值目标的。严复在《原强》一文中说："意欲本之格致新理，溯源竟委，发明富强之事，造端于民，以智、德、力三者为之根本。三者诚盛，则富强之效不为而成；三者诚衰，则虽以命世之才，刻意治标，终亦隳废。"

哲学家贺麟（1940）对翻译的价值判断是："翻译的意义与价值，在于华化西学，使西洋学问中国化，灌输文化上的新血液，使西学成为国家之一部分。……这乃真是扩充自我、发展个性的努力，而绝不是埋没个性的奴役。……翻译为创造之始，创造为翻译之成。翻译中有创造，创造中有翻译。"

我国单向引进外国文化和文明的时代已经一去不复返了。"中国文化走出去"已成为重要的国家文化战略，它既是文化自身发展的长远规划，也是运用文化的力量推动发展的一种战略。翻译，作为文化的一支，自然是发展和推动文化建设的重要力量。纵览世界历史不难发现，冲突、对话、融合历来是文化发展的主题，翻译一直担负着调停人、中间人的作用。翻译的价值正在于此。

二、翻译的美学价值

无论是文学翻译或应用文体翻译都有一个审美过程，只是美的体验不同、意境不同、表现方式不同而已。研究表明，无论旅游翻译、新闻翻译、广告翻译，甚至科技翻译都有美学要求。当然，总体而言，文学翻译的美学价值表现得更充分。"翻译中的审美体验一般遵循以下规律：对审美客体的审美再现过程的认识—对审美认识的转化—对转化结果的加工—对加工结果的再现。"可见，整个翻译过程是一个审美过程。译者（翻译主体）的审美认识和审美条件往往决定译文的审美效果和美学价值。

马建忠的"善译"、林语堂的"忠实、通顺、美"、许渊冲的"三美"，无不把"美"作为翻译标准。许多优秀的译者把追求完美视作他们生命的价值。魏荒弩在《谈谈译诗》中说："对任何事物，认识都不会一次完成，对于译诗艺术来说更有个不断完美的过程。通过修改，实现译品由野到文、由粗到精、由有缺陷到尽可能完美的境界。"傅雷在《翻译经验点滴》中说："《老实人》的译文前后改过八遍，原作的精神究竟传达出多少还没有把握。"这种追求卓越、追求完美的精神已成了优秀翻译家的价值取向，也成了翻译传达美、交流美的价值所在。

三、翻译的学术价值

翻译的学术价值并不在于翻译作为一项实践活动本身，而是说通过翻译，或以翻译为手段，人们进行学术研究，从而体现它的理论意义。首先翻译学的学术研究离不开翻译实践，翻译实践是翻译理论的土壤。翻译过程作为一种心理活动虽然不一定能量化，但它是可以被描写的。翻译的结果是可以鉴别和比较的，从而可以确定它的优劣。翻译研究作为科学研究必须以事实为依据，译文就是翻译的事实。科学研究需要实证，即用实际来证明，现代化的计算机大规模实证研究就是建立在翻译语料库基础上的。

翻译和翻译过程不仅是翻译研究的直接对象，而且也是许多学科的研究对象。哲学一直关注人、思维、语言、符号和世界的关系问题。特别是语言与思维的关系问题，语言哲学与翻译更不可分了。维特根斯坦的语言游戏说、奎因（Willard Van Orman Quine）的翻译的不确定性、海德格尔的现象学翻译观、德里达的解构主义、戴维森（Donald Herbert Davidson）的不可通约性，从不同的角度或解释翻译活动的现象，或给翻译研究以形而上的启迪。文化学、比较文学、计算机科学等多种学科都以翻译和翻译过程为手段或依托开展理论研究或实践研究。

第三节　翻译研究的范畴及途径

一、翻译研究的范畴

近 20 年来，人们对翻译的研究不断深入，不仅对翻译的过程、翻译的功能以及翻译的作品进行了研究，而且已经开始研究翻译产业的管理以及翻译技术的提高等。

20 世纪八九十年代，我国曾有翻译学家开始涉及翻译学的分野以及范围的研究。其中杨自俭曾于 1989 年建议将翻译学分为翻译学、翻译工程以及翻译艺术三个层次。范守义于 1993 年总结出了翻译学的三个组成部分，即翻译学基本理论、翻译的多视角研究以及翻译应用技巧。谭载喜曾于 1988 年将翻译学的结构分为三部分，即应用翻译学、特殊翻译学和普通翻译学。金堤曾于 1989 年提出将翻译学分成 4 个门类，即翻译学的专项研究、翻译技巧的研究、翻译学的本体理论及翻译学的基础理论。刘宓庆于 1993 年曾试图将翻译学这门学科的架构分为"内部系统"以及"外部系统"，他于 2003 年又将翻译学分成三个部分，即翻译理论、翻译资讯工程以及翻译史，其中"翻译理论"还包含应用理论、基本理论以及跨学科——多学科整合理论。

张南峰（1995）认为，我国翻译研究的出路是"建立独立的翻译学""扩大研究范围"和"开展描述性的翻译研究"。孔慧怡（1999）也指出，我国翻译研究中存在的问题之一是范围太窄，"很多人在讨论翻译时，谈的是指导性观点（指导性并不代表客观）；如果要对翻译所产生的文化方面的力量进行探讨，那么就要将研究的范围进一步扩大，涵盖翻译开始之前以及翻译结束之后的整个阶段。比如怎样选择翻译的素材，怎样选择译者，怎样安排出版事宜，编辑如何参与，译作会产生怎样的社会反应，译作会具有怎样的历史地位等。当时所处的社会、文化氛围以及经济形势都会对翻译的每一个环节产生影响。"

二、翻译研究的途径

翻译研究有不同的途径。途径是指研究事物、认识事物、表达思想的想法和做法。各种想法和做法经过综合、分析、归纳和整理，抽象出来，上升到理论平面，就是途径。

（一）多重转向

"多重转向"是 M. 斯内尔霍恩比（Mary Snell-Hornby）在她的专著 *Turns of Translation Studies：New Paradigms or Shifting Viewpoints?*（2006）中使用的术语。对于一个学科来说，只有方法论有了创新，学科才有可能被创立或者有所突破。在很长一段时间内，我国对于翻译的研究都处于坐而论道的状态。翻译家们习惯根据自己的经验有感而发，对于翻译的一些方法、理论的讨论总是采取印象式的泛泛评点。还有的研究是根据自己的喜好，天马行空，不着边际。这些过程其实还都处于学科研究的初级阶段，而且研究的方法及思路还不成熟、不严谨，这种状态在 20 世纪前半叶一直持续着，在很大程度上影响了翻译这门学科的发展。

1. 语言学使翻译研究走向科学

到了 20 世纪中叶，语言学的一些方法以及原则开始被用来研究翻译学，这种研究方法最初是从国外开始兴起的，他们将翻译研究作为应用语言学的一个分项来进行。这之后，我国也开始兴起了类似的研究。例如翻译学家张培基就曾于 1980 年编写了《英汉翻译教程》，成为这类研究的成果代表作。这个教程将英语和汉语的对比作为研究的主线，对英译汉过程中经常会遇到的一些方法以及技巧进行了分析整理，包括词类转换方法、语态转换方法、增词、正反的译法、被动语态的译法、词义如何选择、词类如何进行引申和褒贬，从句和长句的翻译方法等。因为这种研究借用的是语言学的研究方法，因此语言学的一些术语也就自然而然地被引进了相关的描述之中。比如"转换"这个词，它本来是语言学研究过程中创造的一个术语，而且也是一个很重要的术语。它的意思是指以相应的规则来对结构的次序、成分的次序进行重新安排，通过对一些成分进行增加或者减少来对语言结构加以改变的过程，以便于对语言进行分析。

随后，乔姆斯基在进行语言分析时重点使用了转换的概念。语言学中涉及的转换，其实只是对一种语言在结构上的转换，而翻译中的转换不仅可以发生在同一语言（如语言内翻译），并且可以在不同的语言之间进行转换，它的外延被扩大了，内涵也更加丰富，由此衍生出了大量的术语，例如平行式转换、对应式转换、信息转换、词性转换、语义转换、语态转换、形象转换、视点转换、层次转换、正反转换、辞格转换、句型转换、语音转换等，这样就不仅仅局限于结构上的转换了。可以看出，语言学的方法被应用于翻译学的研究之后，翻译学的研究就开始步入了科学的轨道。

2. 多学科充实翻译学方法

然而，翻译又不仅仅是一种简单的语言问题。到了 20 世纪 80 年代，尤其是 80 年代的中后期，西方国家关于翻译学研究的大量理论开始进入我们的视线，比如女性主义翻译论、功能对等论、解构主义翻译论、交际翻译论、符号学翻译论、语用翻译论、结构主义翻译论、后殖民主义翻译论、等效论等，使得我国翻译学者的视野更加开阔，翻译界开始变得更加活跃，关于翻译学的研究热情也空前高涨起来，翻译学的研究成果得到充实，研究水平有了显著提高。

3. 文化转向推动翻译研究

文化研究学派反对原文与译文"等值"，主张完全摆脱原文中心主义的桎梏。他们反对译者对作者亦步亦趋、丧失自我，主张译文要纳入译入语文化的轨道，创造新的篇章。

这个时期又有一批翻译学的术语被引入我国，比如"文化移植""文化意象""文化误读""文化翻译"以及"文化适应"等，我国翻译界专业人士的眼界进一步被拓宽。翻译研究中涉及的文化学的方法以及文化类的视角开始成为翻译学向前发展的动力所在。

4. 认知观重塑翻译的精神属性

认知翻译观把翻译过程看成是一种认知过程，即思维、记忆、感知、识别、分类的过程。在翻译的认知过程中，认知环境起着重要的作用，认知环境由认识主体产生理解的一系列事实所构成，是获得正确推理结果的基础，在翻译过程中正确地认识源语的认知环境，是译者与原作者沟通思想、形成契合，达到思维耦合的必要条件，其间必然会受到译者认知心理和认知方式的限制。翻译的认知观要求译者考虑英汉两种语言不同的认知环境。关联理论则将认知环境视为一系列互明的、可以认识的事实，并承认不同认识主体的认知环境的差异性，为翻译研究提供了新的视角，也为翻译过程中因认知环境差异而产生的语义调节提供了理论依据。

翻译过程中更加关注其精神属性，这是认知转向的意义所在。之所以这样说，是由于翻译是与译者的脑力有关的一种活动，这种活动包括建立和理解翻译的意义，如何建构以及选择什么样的文本等。涉及的每一次所谓的"转向"，其实并非是对过去研究成果以及实践的否定，而是研究的重心有了新的变化，研究的方法有了新的变化，方法论有了新的突破，这些都能引导翻译学取得新的进步。

传统的那种只重视形式、重视规范、重视原文、重视微观的狭隘的研究方法在如今的语言学研究中已经不再盛行。当代翻译学研究已经越来越重视社会文化的语境，开始借鉴描写学派的相关研究方法，一些语言学所涉及的新概念以及新方法被加以运用，许多其他类别的学科被整合起来作为研究的辅助，多种新的研究方法开始兴起。我国已经有了自己的翻译学研究理论，不再是过去那种西方的翻译学理论占据绝对主流的状态。尤其在方法论上的进步可圈可点，已看到一批自创的令人欣喜的成果。

（二）八种途径

翻译研究包括八种途径，即功能途径、文化途径、生态学途径、社会学途径、认知途径、社会学符号途径、翻译学途径、后语言学途径。

1. 功能途径和文化途径

"功能主义"一词泛指用功能的途径研究翻译的多种理论。"功能"在这里主要指文本或翻译的功能。功能主义理论 20 世纪 70 年代产生于德国，其代表人物是卡塔琳娜·莱思（Katharina Reiss）、汉斯·弗米尔（Hans Vermeer）、贾斯特·霍斯·曼特瑞（Justa Holz-Ma-nttari）和克里斯蒂安·诺德（Christiane Nord）。莱思首先提出文本类型理论（Text Typology），为功能主义理论奠定了基础。虽然莱思坚持以原作为中心的等值理论，"但她的对等概念并非建立在词或句子的层次上，而是在整个文本的交际功能上"。莱思的学生弗米尔则摆脱了以原作为中心的等值论，提出了翻译目的论（Skopos Theory）。在目的论的理论框架中，决定翻译目的最重要的因素之一就是译者心目中的接受者，每一种翻译都指向特定的受众，翻译就是"在目标语情境中为某一目的及目标受众而制作的文本"。根据目的论，翻译的最高准则是译文由其目的所决定，即"目的决定手段"（The end justifies the means）。曼特瑞进一步发展了功能翻译理论，视翻译为一种"为实现某种特定目的而设计的复杂活动"。她所提出的翻译行为理论（Translational Action）强调翻译过程的行为、参与者的角色和翻译过程发生的环境三方面。诺德则把忠诚（loyalty）原则引入功能主义，希望解决翻译中的激进功能主义问题。忠诚指的是"译者、原文作者、译文接受者及翻译发起者之间的人际关系"，诺德认为译者应同时对原文和译文环境负责，对原文信息发送者（或发起人）和目标读者负责。

虽然批评语言学考察语篇和语言结构生成的社会历史背景及其背后的意识形态，后语言学翻译研究也吸纳了不少文化因素，但是文化研究作为一种途径和范式具有不可通约性。文化研究的独特视角和涉及领域是不可替代的。翻译学研究中，针对文化途径的关注点应该放在以下几个方面：将翻译的主旨确立为文化的交融以及文化的移植；将相关的文化信息作为翻译的主体和对象，而不再像过去一样仅仅把语言作为翻译的主体和对象；文化背景对于翻译行为的影响是始终存在的，包括社会制度、审美标准、政治倾向、道德规范等，这些因素虽然都处于文化范畴之外，但对翻译却有着非常重要的影响。翻译者对译文的变通、增添、删改等无一不受当时文化因素的影响与制约。这种变通式翻译的目的就是为了更好地服务于政治的需要，服务于权力的需要，服务于社会意识形态的需要，服务于本民族文化发展的需要。翻译中会涉及文化途径的研究，也会涉及归化与异化的概念。其中异化和文化移植的方向是相一致的，而归化是反向的。每一部译作都是归化与异化相结合的产物，一般都是两者的混合物。无论怎样归化，总能反映出或多或少的异国风情。除了归化和异化之外，翻译的文化途径中还经常采用改写、阻抗等翻译策略。

2. 生态学途径和社会学途径

生态学是生命科学的重要分支。生态翻译学独树一帜，是新世纪我国自主研究的重要学术成果之一，已引起普遍关注。除相关专著外，以生态翻译思想为主题的论文近几年在国内外主流译学期刊多有发表。生态翻译论有进化论和生态论的学术背景，以达尔文"选择适应"学说的原理和方法为指导，以"翻译即适应与选择"的主体概念为立论基础，对翻译的本质和范式、翻译的策略和程序做了新的系统的阐释。新理论催生新术语。生态学与翻译学相结合，"取生态之要义，喻翻译之整体，基翻译之实际，在相关研究中形成了'翻译生态环境''翻译生态系统''译者适应''译者选择''求存择优''共生互动'等一系列术语和概念"。

21 世纪以来，国际上加速构建翻译社会学。2005 年 5 月"作为社会实践的口笔译"的国际会议在奥地利格拉兹大学翻译系（Department of Translation Studies, University of Graz）举办。会议的主旨是推动翻译社会学的理论建设。同年末，（The Translator《译者》）出专刊讨论布迪厄的社会学理论及翻译社会学。2007 年，由格拉兹大学翻译系的沃尔夫（Michaela Wolf）和夫卡利（Alexandra Fukari）担任主编的《建构翻译社会学》（*Constructing a Sociology of Translation*）一书由本雅明出版公司出版。2009 年，贝克（Mona Baker）和萨尔登哈（Gabriela Saldanha）编写的《翻译研究百科全书》（第二版）［*Rout-*

ledge Encyclopedia of Translation Studies（Second edition）〕将"社会学途径（Sociological approaches）"作为新词条收入。社会学研究的视角相当宽广，它研究社会生活、社会制度、社会行为、社会变迁和发展等各类社会问题。

3. 认知途径和社会学符号途径

认知包括感觉、知觉、想象、注意、记忆、思维和语言的理解和产生的心理活动过程，是指直接依靠主体感知能力和思维能力，而不借助于实践手段认识客观事物的过程。翻译是译者通过自己所掌握的各方面的综合知识，将原文美学方面的品质，原文的思想以及内容，原文的价值观以及原文的情感表达体现到译作中去的过程。翻译时，源语文本需要与源语的语境相脱离，转而代入目的语的语境当中。译者的认知心理会在很大程度上限制和影响这种转换。这种认知心理指的是译者的思维能力以及知识水平。有一种翻译学观点叫作认知语言学，这种观点认为翻译的过程实际上是一种认知的活动。译者的认知方式以及认知心理必然会影响和限制源语文本从源语的认知环境及认知世界向译语的认知环境和认知世界转换。因此，译者要想与原作者顺畅地沟通思想，达成默契，就要准确地理解源语的认知环境以及认知世界。传统译论认为译者对多义词的处理要采用"词义选择"的翻译技巧。认知理论认为，同一个词（多义词）于不同的词组中会形成不同范畴和类别，而翻译正是将一种语言里的属类划分正确地映射到另一种语言里的属类划分。认知理论对翻译中的理解和表达有不同于传统理论的阐述。

社会学符号途径是陈宏薇（2002）根据尤金·奈达的社会符号学翻译途径，参照韩礼德的社会符号学语言理论，兼收语用学等其他学科的成果综合而成的一种翻译法。该方法有以下要点：①翻译即翻译意义，符号学意义观适用于翻译，语言符号有指称意义、言内意义和语用意义；②翻译即交流文化，文化是社会各种符号系统的集合；③语言是一种独特的符号系统，语言中最重要的是语义系统，它体现语言的功能；④文本是具有功能和意义的语义单位，是在一定的语境中人们交际的过程和产物；⑤语境指文本得以有生命力的环境，它也是个符号学概念，指从构成文化的符号系统中派生出来的意义集合；⑥语域指语言的语体，是社会结构的一种体现，社会符号学翻译法强调语域特征的再现；⑦社会结构界定交际的各种社会情境并赋予它们意义，是语义系统生存发展的基本因素；⑧意义和功能是语言作为一种符号系统具备的固有特征，也是任何文本的固有特征。翻译标准拟为：意义相符，功能相似。陈宏薇强调，意义相符，是指称、言内、语用三种意义相符。"当译者为达到这一标准在两大符号系统之间求同存异时，他们对文化的理解将更为深刻，对文化日益深化的理解反过来又加强了他们的领悟能力。悟性提高，直觉（intuition）便增强。这种直觉，不再是天生的悟性，而是经过从实践到理论，又在理论的指导下进行科学的实践而获得的直觉，是对翻译逐步知其然、还知其所以然的直觉。社会符号学翻译法有助于译者获得这种直觉，科学地进行翻译实践。"

4. 翻译学途径和后语言学途径

翻译学途径是谭载喜在《翻译学》一书中提出来的。他认为进行翻译研究最基本的途径有：①文艺学途径；②语言学途径；③交际学途径；④社会符号学途径；⑤翻译学途径。前四种是翻译研究中传统的研究模式，而"翻译学途径"则是谭载喜的提法。他认为翻译学途径主要的特点是高度的综合性、描写性、开放性和灵活性。其着眼点为：①进行多层面的对比；②提出多层次的标准；③建立多功能的模式。翻译学途径最重要的特征在于其综合性，这种途径下的翻译研究应从多层面、多元角度展开，旨在避免使翻译研究陷入片面的局限之中。与其他学科，比如交际学、语言学、社会符号学、文艺学等学科途径不同的是，翻译学途径的理论模式可以有多种功能。而上述四种学科途径的理论模式仅仅具备单一的功能。翻译学途径则包含有其他多种学科途径所具有的特点，通过这种途径可以建立起应用翻译学、特殊翻译学以及普通翻译学。这种理论模式可以包括对翻译具体方法的总结，对翻译特殊规律的总结以及对翻译普遍规律的总结。其中普遍规律是指关于人类语言、非语言的符号性系统，对翻译的一般性原理进行解释，这是翻译理论的最基本的模式；特殊规律涉及两种不同的语言，是对这两种语言进行相互翻译的一个过程，是要对这种基本模式进行检验，并对其加以完善；具体翻译方法指的是译者非常关注的一个方面，也是翻译学研究的一个重要内容，这种理论的来源主要有两个：一方面是来源于翻译的具体实践，从实践中总结出来的经验，另一方面是来源于翻译学研究总结出来的，与翻译规律相关的一些理论。而翻译的标准要求决定着具体采取哪种方法。

后语言学途径摆脱传统"等值"的束缚，其核心观念已从传统的语言转换转移到译者及其与社会的关系，把翻译看成是社会争斗的场所。贝克（Mona Baker）认为："极为重要的一点是翻译研究的发展动态同人文科学中其他学科的发展动态是互相联系的。"她又说："翻译研究语言学途径这些年来已经发展得相当成熟了。……Hatim、Mason 和 House 在 1997 年分别出版了各自理论模式的修订版，明确认可了诸如意识形态、政治氛围、市场力量等因素的重要性。"新旧语言学途径的主要区别见表 1-1。

表 1-1　新旧语言学途径的区别

项目	主要理论背景	研究基础	研究重点	着眼点
语言学途径	Catford 翻译的语言学理论，Nida 的翻译理论语用学	语言结构、语义	语言转换、言语行为方式	原作语言
后语言学途径	语用学、语境理论、批评语言学	文本社会文化背景	解释翻译现象、处理文化冲突	译者及其与社会的关系

近半个世纪以来，译学研究范式多变，但语言学范式伴随始终，且随着语言学科自身的开拓而不断发展。语言背后的政治、意识形态、

权力等文化要素也成了当代语言学探究的课题。传统的那种只重视形式、重视规范、重视原文、重视微观的狭隘的研究方法在如今的语言学研究中已经不再盛行，当代的翻译学研究已经越来越关注社会文化的语境。

此外，还有哲学途径、文艺学途径等。哲学途径是西方翻译研究的传统途径。通常，中国学者研究理论的过程中，一般是以感悟为主，思辨性较弱，对生命的体验十分关注，而忽视严谨的逻辑性分析。但这种情况正在改变，我国译学研究中逻辑分析在加强，哲学思考渐成气候。21 世纪以来，我国学者在认识语言共性和语言个性的基础上关于翻译学的本体论、认识论、方法论和价值观的不断探索，意义、诠释、客体、主体、主体（间）性、可译性与不可译性等成了永恒的主题词。以上的这些途径在本质上是不同的，无法相互替代。

第四节　翻译研究：从科学到多元互补

一、应用翻译的特点及其翻译要求

目前，国内外学者对于应用翻译（pragmatic translation）的范围和定位仍有不同的看法。例如，应用翻译可定位为文学翻译及纯理论文本之外的其他文本翻译；应用翻译是排除文学、政治、外交、社科等文本的翻译；应用翻译可包括除文学文本之外所有以信息传达为主的文本翻译；除了文学翻译外，应用翻译还需要排除科技和法律翻译，因为科技和法律翻译需要特别的专业知识和方法。

总体而言，应用翻译有广义与狭义之分。广义的应用翻译可包括除文学翻译（literary translation）之外的其他文本翻译，甚至可直接理解为非文学翻译（non-literary translation）；而狭义的应用翻译则还需排除科技和法律等需要特别专业知识的文本翻译。本节采用广义的应用翻译，主要包括经贸、法律、金融、合同、广告、旅游、新闻、科技等类型的文本翻译。

根据文本类型学的相关理论，应用翻译主要属于赖斯的信息型文本（informative texts）和感染型文本（operative texts），或纽马克的信息型文本（informative texts）和呼唤型文本（vocative texts）。例如，经贸、法律、金融、合同、科技、新闻等文本翻译主要属于信息型文本翻译，此类文本以传递信息和内容为主，旨在向读者呈现客观世界的物象和事实；而广告、旅游等外宣文本翻译主要属于感染型或呼唤型文本翻译，旨在感染或说服读者并使其采取某种行动。文学翻译则侧重于表情型或表达型文本（expressive texts），主要表达作者对人和物的情感和态度，并注重语言形式和美学功效。可以说，应用翻译与文学翻译在文本类型方面具有较大的差异。

在"目的论"的理论框架中，翻译目的决定翻译策略，翻译目的决定源语信息的取舍，翻译目的也决定译文的体裁和风格。应用翻译具有很强的实用性和功利性，要求译文达到译语环境中所预期的交际功能和目的。可以说，目的论与应用翻译有较为密切的关系，对应用翻译具有很好的指导作用。对应用翻译而言，目的论的连贯法则（coherence rule）要求译文能让目标语读者接受，译文尽可能顺应受众的需求、文化期待、信仰和认知状态，并达到与其他同类型目标语文本在意义和风格上的"文本内连贯"（intratextual coherence）。可以说，从目的论来看，应用翻译的译文内容和形式应尽可能贴近目标语的语言文化规范和惯例，以实现预期的目的和功能。

二、我国应用翻译译技探讨

（一）句法层面的译技

在对应用类文体进行翻译时，所运用的词语和句式都有其独有的特点，这是经过长期的翻译实践总结和积累得来的。一些学者针对应用翻译进行了具体研究，这种研究主要针对的是句法的应用方式。当下针对句法的译技研究，主要涉及法律、商务、合同类的文本。主要包括以下两个层面。

1. 某一类应用文体的主要句法特点及其翻译策略、归纳、总结其翻译规律译技

例如，2002年，经过对租船合同以及航运提单的大量研究，蔡先凤总结出了这类合同中惯常使用的一些名词性短语、非谓语动词、长句式、基本句式和变通句式等，对这类租船合同以及航运文书提单所涉及的翻译原则以及技巧进行了详细阐述。陈建平（2005）探讨了合同英语的句法特点，他指出，合同是法律文书的一种，这种文书的主要表述方式是陈述句，而省略句以及疑问句在此类文书中基本不存在。而且，经济贸易合同的英文版中还有一个重要的句法特点，那就是惯用句、长句、被动句会被大量使用。因为汉语与英语的表达方式是有差异的，所以在翻译这种被动句时，应当将这种被动语态转换成主动语态，这样才能与中文读者的阅读及表达习惯相符。在对合同中的长句进行翻译时，要先对所涉及的修饰词、短语、连接词及其含义进行充分理解，准确把握句子所要表达的核心意思以及其中的逻辑关系，然后再对原句做出处理，这种处理方法包括调整顺序、拆句、分译等。在遇到一些惯用句型和翻译套语时，不能完全按照原句进行一对一的直译，而是要尽量采取套译的方法。许颖欣、莫莉莉（2006）分析了WTO文本中的长句、复合句、名词化结构、shall结构及hereby特殊句式的特点，并探讨其在翻译过程中的一些规律和策略。

2. 长句或某一特殊句式结构的翻译译技

王英宏、吕世生（2007）探讨了商务汉英翻译从句的运用技巧，他们认为，汉语在结构上具有意合的特征，而英语在结构上具有形合的特征，其中英语从句就是这种形合特征的主要表现形式，多种句子所具有的结构性关系都可以通过英语从句表现出来。灵活巧妙地对英语从句加以使用，可以令译文变得更加精彩和专业。而在对一些汉语商务文本进行翻译的过程中，也可以运用一些翻译上的技巧，比如使

用并列复句等。

（二）文体修辞层面的译技

应用型文本与文学类文本有着明显的不同，在如何进行措辞、如何建立通篇的结构等方面，应用性文体都有着比较严格的规定和要求。针对各类合同、信用证明、公证文书、广告、贸易函电、法律文书、公示性用语等文本，很多学者已经开展了相关的研究，研究的重点是如何提高文体修辞等方面的翻译技巧。例如季益广就针对法律类英语文本进行了研究，他指出，在所有类型的英语文体中，法律英语是最正式、最庄重的一种，因为法律英语包含有大量的专业词汇。这些专业的法律类词汇只会出现在法律文件之中，即便其他的一些语体中也会偶尔出现一些法律类词语，但法律类文书会赋予这些词汇以更明确具体的含义。法律英语中之所以会有一些复杂而冗长的语句，就是因为这类文书所要描述的客体之间的关系非常复杂，所以叙述必须严谨而周密。

（三）应用翻译误译问题

随着我国对外开放程度的不断加深，各方面对于应用类翻译文本的需求量越来越大，然而目前我国应用类文本翻译的"量"比较大，但"质"却远远落后。流通中的很多应用文本的翻译质量普遍较差，我国的翻译界对此也早有关注，并且针对这种情况开始了应对研究。

谭惠娟（1999）重点针对外贸英语进行了研究，她分析并列举了外贸英语中最常使用的一些词语，对商务英语同文学英语的不同之处进行了阐述。傅伟良（2002）对合同法汉译英的不同译法做了较详细的解析，提出了法律文件汉译英的一些应用的翻译技巧。朱定初（2002）对复旦大学《法律英语》中的译注问题逐一加以讨论，同时就英语专门术语的翻译提出了几个基本的实践原则，即正确理解源词（source term）在上下文中的确切意义，尽量寻求在本国法律中与源词对等或接近、对等的专门术语，含混对含混、明确对明确。陈建平（2003，2008）从 shall 与 should、货币金额、连词 and 和 or、专业词汇、upon 和 after、before 和 on or before、近义词等几个方面就对外经贸合同翻译中一些常见的译文失真问题做了分析。他经过对一些实例的分析研究，总结出了在信用证翻译中比较常见的五种误译问题：一是不能很好地区分和使用多义词，译出来的文本容易失真；二是用普通的译法来翻译专业性的词汇，使得译文不够准确和专业；三是一些专业性的概述以及名称没有统一的表述，导致译文也无法统一；四是对原文进行简单的照抄照译，译文与行业规范不符；五是译文的逻辑性不强，结构比较混乱，译文不够严谨。

三、应用翻译的宏观指导原则

方梦之（2007）提出了应用翻译三原则：达旨、循规、共喻。达旨，即达到目的、传达要旨；循规，即遵循译入语文化规范；共喻，即做到译文通顺，文体匹配，畅晓明白。达旨，是译者的出发点和归结点。循规，是译者的操作纲领。译入语的文化、社会、技术方面的规范很多，都在需遵循之列。循规是有目的的，是达旨的需要。共喻，是译者根据不同的文本类型、读者对象，采取不同的翻译策略和手段，使译文畅晓明白。

林克难（2003）提出了"看译写"原则（后又将"看译写"改为"看易写"）。所谓"看"，就是让译者大量地阅读各类应用英语的真实材料（authentic material）。对各种不同场合、环境、功能的实用英语积累感性的认识，并存储在大脑中备用。"译"不是逐字照搬，而是参照相似情境下英语同类材料的写作格式、专门用语以及表达方式，用比较恰当的方式把所需要表达的内容展示出来。"写"就是译者结合收集到的素材，按照这类文本的英语语境，用英语直接撰写出应用类翻译的文本。这实际上代表着翻译的一种较高境界。"看译写"的原则实际上已经改变了"信"作为翻译的唯一标准的定式。通过实践可以看出，如果实用英语中过分地讲求"信"，那么反而无法取得预期的效果。

胡庚申（2003）提出了翻译适应选择论，主张翻译是译者适应翻译生态环境的选择活动。"适应"就是译者对翻译生态环境的适应；"选择"就是译者以翻译生态环境的"身份"实施对译文的选择。适应选择论的翻译原则，一方面是多维度选择性适应，另一方面是在多维度地适应翻译生态环境的基础上做出与翻译生态环境相适应的适应性选择，即多维度选择性适应与适应性选择。

以上由我国学者分别提出的翻译原则，着眼于我国应用翻译的现状和实际，突破了传统的翻译模式，对应用翻译实践具有较强的针对性和有效性，可以作为应用翻译的宏观指导原则和准则。

四、应用翻译标准的多元互补

"信、达、雅"这种翻译标准最早是由翻译家严复提出的，1898年他在翻译《天演论》时，通过《译例言》首次提出了这个观点。之后，一些翻译界的大家，包括傅雷、钱钟书以及鲁迅等，还陆续提出了一些翻译的原则及标准，比如"化境说""传神论"以及"信与顺"等。翻译界前辈提出的这些理论都是在他们长期的翻译实践过程中总结得出的，对于翻译理论研究以及翻译实践的指导意义不言而喻。但是，这些研究得出的标准或者是原则主要是针对文学类文本翻译而言的。而现代社会对于应用型文本翻译的需求量大大增加，也就推动了现代翻译界开始热衷于讨论应用型文本翻译的相关原则以及标准。不少学者开始质疑过去应用型文本的翻译标准和原则，他们提出了一些关于法律、合同、商贸、广告等类型文本的翻译原则和标准。指出文体本身所具有语言方面的特点以及特定的社会功能决定着这类文体翻译的原则以及标准。

第二章　应用翻译的理论体系与翻译策略

当前快速发展的语言服务行业和企业本地化对应用翻译及其人才培养提出了新的要求。本章主要在应用翻译理论的宏观和微观视域下对应用文本的特征和分类、应用文本的翻译目的和原则加以阐述。

第一节　应用文本的特征与分类

根据分类标准的不同，应用文本的类型有多种，本节主要论述从不同领域来划分应用文本及其特征。

一、外贸信函翻译

随着改革开放进一步深化，中国成功加入世贸组织，以及经济全球化影响日趋明显，外贸信函在国际贸易中起的作用越来越重要。外贸信函指的是国际商务往来中的信件，作为国际贸易活动的一种重要沟通工具，其品种很多，也有许多功能，一些信函在贸易活动中起传递信息的作用，比如包装方式、物品的质量、交货的条件、保险、付款方法等。一些则是在劝说业务之间的关系。要确保商务活动能够正常开展，那么怎样使读者更正确、更准确地了解商务信函所要表达的信息就是外贸信息翻译的重中之重，并达到文本功能的目的。本节是以比特·纽马克的翻译方法和文本功能作为理论支撑，以文章的功能来对商务信函的翻译策略进行归纳总结。

比特·纽马克（Newmark）把文本分成了三个类型，分别是号召性功能、信息性功能、表达性功能文本。他对这三个功能的文本提出两种翻译的方法，即交际翻译和语义翻译。在纽马克看来，表达性功能文本使用语义翻译的方法比较好，而号召性功能文本和信息性功能文本用交际翻译的方法会好些。他还认为商务信函在信息功能文本的范畴内，要用交际翻译的方法。他还说文本的语言功能是复杂的，通常都是三种以上的功能合在一起，当中以一功能作为主导。因此，外贸信函的翻译应该遵循目的语的文体规约和行业规范等原则，根据函件不同的功能性特征，使用相应的翻译方法策略，以保证外贸信函的预期功能在目的语文化中得到最大化体现。

（一）外贸信函的组成

外贸信函一般分为三个部分，即开头、正文和结尾。开头包括称呼及称呼之前的部分；正文是信函的中心内容，是外贸信函的核心所在，这一部分表明所写信函目的，如报盘、询盘、订购、装运等；结尾就是正文之后所有内容，包括结尾套语、落款等。中英文外贸信函的基本组成部分大致相同，但要注意日期的格式有所不同，英文信函中的日期需放在开头，而中文信函中的日期需放在结尾。

1. 英文外贸信函的组成

英文外贸信函的组成部分一般包括：①信头（Letterhead），包括寄信人的地址和联系方式，一般放在信件顶部中间或右上角；②日期（Date），写信的日期，需放在右上角；③文档号（Reference），如 Our ref：WFX/SQ，Your ref：JS201/SD707；④信内名字和地址（Inside Name and Address），即收信人名字和地址，需放在左上角；⑤指定收信人（Attention Line），收信方经办人或主要负责人，如 Attention：Mr. Li，Sales Dept.；⑥称呼（Salutation），如 Dear Sir；⑦事由（Subject/Caption/Reference）；⑧正文（Body）；⑨信尾客套语（Complimentary Close），放在左下角或右下角都可以，随后的内容位置须跟随结束语；⑩发信人签名（Signature）；⑪发信人职务（Position）；⑫发信人姓名缩写，如 ST/MS；⑬附件（Enclosure）；⑭发送副本/抄送（Carbon Copy，即 C. C.）；⑮附言（Postscript，即 P. S.）。

其中，信头、日期、信内名字和地址、称呼、正文、结束语和发信人签名是必不可少的，其他部分可根据实际情况添加；信函正文现多用全齐头式书写，即全部向左对齐。

2. 中文外贸信函的组成

中文外贸信函的组成部分一般包括：①标题，放在信件顶部中间；②发函字号，放在信件顶部中间；③收函单位或收件人姓名，放在左上角；④正文；⑤信尾客套语，放在左下角；⑥发函单位或发函人姓名，放在右下角；⑦发函时间，放在右下角；⑧附件。其中，称呼、正文、发函单位或发函人姓名、日期是必不可少的，其他部分可根据实际情况添加；信函正文按照中文写作习惯，每段缩进两个汉字。

（二）外贸信函的特征

由于外贸信函在信息交流和传递上具有特殊性，其功能与目的不仅有别于文学活动及日常生活，还和其他商务文本有区别，如产品说明书、企业宣传材料、经贸广告等；外贸信函属于公文文体，使用书面语，特点是严肃正式，客观稳妥，不流露个人喜好和倾向。因此，需要用语严密准确，措辞得当。一封好的外贸信函，要求长短适中、礼貌得体、周到清晰；遵守外贸信函的统一格式，使用信函套语，讲求规范；使用书面语，用词力求准确、简洁、庄重，语法正确，所涉及的数字精确无误。同时，语气方面，需做到礼貌大方，且不失自尊。主要特征可以概括为正式专业、清晰简洁、礼貌客气。

由于公函往来多属磋商、咨询公务，往往涉及愿望、允诺、询问、拒绝、辩解或申述、谴责等，情态比较丰富，但在表达上一般都比较婉转、含蓄，保持公事公办的特点；另外，外贸信函也会涉及商务活动的方方面面，所以会大量使用专业术语（段云礼，2013）。总而言之，外贸信函的语言要做到清楚简洁、正确具体、礼貌体谅、全面完整，翻译时，也应根据这些文体特点，正确传达原文的内容和语气。

下面具体分析一下英汉外贸信函的语言特征及翻译策略。

1. 词汇特征

（1）正式规范。随着互联网的发展，人们生活节奏加快，外贸信函多用电子邮件的形式收发，有口语化和非正式化的趋势，但是，外贸信函是公对公的正式信函，有明确的公关目的和经济目的，事关双方公司、组织或公众利益，因此，无论是英文外贸信函，还是中文外贸信函，使用的词汇多为正式的书面语、谦辞、敬语等，基本词汇或口语词汇较少，注重规范，不同于私事和私人活动的邮件，展示了外贸信函公事公办，很正规的特征。在翻译的时候，要多使用正规词语，真实地传递出原文的特征和沟通的语气。

（2）客气礼貌。外贸信函体现了企业的形象、发函者的素质，沟通的结果直接关系到生意、业务的成败，因此，措辞客气礼貌不仅体现了发函者自身的素质，还有利于树立良好的企业形象，为交易双方营造友好的气氛，能促进双方建立良好的业务合作关系。在收到对方的询盘（inquiry）、报盘（offer）、还盘（counter-offer）或订货（order）等请求时，不管是否接受，首先都要礼貌地表示谢意；在传递对交易满意的信息时，措辞要客气；在提供可能令对方不快的信息、拒绝或向对方表示不满时，更要注意措辞委婉；向对方提出要求时，同样要多使用客气的礼貌用语。翻译时，需注意译文和原文的功能对等。中文外贸信函中经常使用"贵、尊、高、雅、惠、大"等敬辞称呼对方公司，如"贵公司""贵方""贵函"；提出请求时经常使用的敬语有"恭、拜、垂、请、惠、敬、盼"等，如"恭请""垂询""敬请""为盼"等；使用"承蒙""惠告"提及对方的示知，使用"谨告""奉告""敬告"等引出自己的示知；多用"不胜感谢""谨致谢意"等来表示谢意；在信件结尾，多使用"此致敬礼""特此谨复""谨祝""敬启"等套语作结束语。

（3）专业准确。外贸信函涉及商务合作的各个环节，包含交易过程中的各种单据、协议、合同等，因此外贸信函会大量使用交易、保险、索赔等方面的专业术语、缩略语，涉及数据时，要求准确无误，表达清楚简洁。据对部分外贸往来信函的专业术语和行话的统计，发现相关术语的数量占总字数的 9.1%。其中，专业术语的翻译，要求在中文里找到对应的商务专业词汇；缩略语的翻译，需准确找到其完整词汇，并在此基础上，找到汉语中对应的词汇，如 CIF（Cost Insurance and Freight，到岸价）、FPA（Free from Particular Average，平安险）、T/T（Telegraphic Transfer，电汇）、L/C（Letter of Credit，信用证）、forex（Foreign Exchange，外汇）等。

（4）英汉差异。在英文外贸信函中，有些普通单词由于在商务语境中使用，词义与平时大相径庭，需译成经贸的专业词汇，不可望文生义，例如 collection（托收）、quotation（报价）、drawer（汇票发票人）等。此外，由于外贸信函的往来目的多为磋商、答询公务，往往涉及询问、允诺、赞同、拒绝、期望、建议、催促、谴责、索赔、辩解、申述等，所以在英文外贸信函中，情态动词使用较多，汉译英时，可注意选择合适的情态动词，使译文更加地道。

2. 句法特征

（1）英文多用复合句，汉语多用短句。外贸信函属于正式文体，主要为书面语形式，所以句式较长。在英文外贸信函中，表现为多使用复合句，利用状语从句、分词短语、插入语、同位语、独立主格结构等，以体现一系列相互关联、互为因果的关系，使行文更加庄重、严谨，逻辑条理清晰，特别在表达商贸交易进行的各种条件、方式或结果时，能够使条款、协议或业务意义更加完整，不存在任何漏洞，避免因歧义引发争端，维护了双方利益；而汉语虽然也使用正规的书面语，但是注重断句，习惯用简洁明了的短句。翻译时，一定要注意句式转换，层次分明。

（2）英文多用陈述句，汉语多用祈使句。外贸信函来往的双方多为贸易双方，处于同等地位，因此，当一方希望另一方做某事或采取某种行动时，英文信函一般不会使用带有命令语气的祈使句，因为祈使句不仅过于直接，还会使人觉得不正式，不够委婉礼貌；经常使用的是陈述句，既能委婉地表达自己的期望，又树立了良好的企业形象，体现了个人素养，利于促成愿望达成；而中文信函较少使用陈述句表达期望，多使用带有敬辞和谦辞的祈使句，希望对方完成某一行动，如"请""敬请""为盼"等。翻译时，一定要注意陈述句和祈使句在相应译文中的使用。一般说来，此种情况下，英文的陈述句须译为汉语的祈使句，并加上合适的敬辞或谦辞；汉语的祈使句须译为英文的陈述句。

（3）英文偏好被动语态，汉语少用被动语态。为了使语气更加客气、委婉，避免强硬的态度，英文外贸信函偏好使用被动语态，常常使用带主语从句的陈述句替代祈使句——被动语态不强调动作的发出者，表示所说出的话不是强加给对方的。将祈使句表达的意思转换为含被动语态的陈述句，显得更加委婉、礼貌。相比而言，汉语中被动语态的使用较少。汉语被动语态常常表达对主语而言多为不好或不希望发生的事，如被骗、被耍、受祸、受伤，引起的都是不利后果，外贸信函的语境与之不符，因此较少出现被动句。另外，由于汉语属于意合语言，重内在的逻辑关系，而不具备屈折变化，在语态上表现为受事格施事化倾向，施事格比较自然、直接，而不必拘泥于形式（陈宏薇，李亚丹，2013）。大多数情况下，汉语靠主动句的语义逻辑来体现被动意义。中国人的思维方式习惯强调人的行为必须由人来完成，导致汉语中主动句较多，常常采用主动句式来表达被动的意义，即使受动者做主语，也不用被动句式。翻译时，一定要注意对两种语态进行适当转换，使译文更加地道、通顺，实现功能对等，达到预期的效果。

（4）英文偏好倒装句，汉语少用倒装句。英文外贸信函中，主要有两种情况使用倒装句，一是将强调的部分放在句首，比如提醒对方随函寄出某样材料时；二是表示不确定的可能性时。相比之下，汉语极少使用倒装句式。翻译时，一般将英文倒装句译成正常语序。

3. 语体特征

外贸信函作为书面交往的渠道，非常注重信函礼节，语体特征委婉、客气，常用礼貌用语，使人心情舒畅，便于建立合作关系，利于表现来函方的专业素养，树立所在企业的良好形象，能较好地促进贸易的达成。在拒绝对方时，使用委婉的语气，一方面不会伤害对方情面，另一方面有利于继续保持友好的贸易关系。因此，在外贸信函中，多用委婉的语气指出对方不如人意之处，而且委婉语气也可用来表达满意、快乐、感谢、道歉等情绪。英文外贸信函中多采用情态动词、虚拟语气、被动语态、疑问句以及单词 please 和 kind 来表达各种委婉的语气；汉语多用敬辞和谦辞来表达客气礼貌。翻译时，一定要注意尽量传达原文的庄重、礼貌、委婉的语气。在进行外贸信函的英汉互译时，要注意上文提及的词汇、句式及语用等特点，在措辞和语体风格上尽量保持译文和原文之间的一致。

二、商务合同翻译

随着社会和经济的发展，我国对外贸易也发展得越来越快。在贸易交往中，合同规定着双方的权利和义务，在合作过程中起着非常重要的作用，因此，对合同的翻译显得尤为重要。商务合同根据不同的书面形式和功能，可划分为正式合同（Contract）、协议书（Agreement）、确认书（Confirmation）、备忘录（Memorandum）或订单（Order）等。本节对商务合同的翻译背景、客户要求及翻译目标进行了分析，以德国功能主义目的论为理论指导，阐述了商务合同翻译的原则、规范以及翻译策略。

《中华人民共和国合同法》第二条规定："合同是平等主体的自然人、法人、其他组织之间设立、变更、终止民事权利义务关系的协议。"合同是一种法律行为，指双方或多方当事人为实现一定的目的，相互明确某种权利、义务关系而达成的协议，任何一方不履行或不完全履行合同，都要承担法律责任。

《大不列颠百科全书》对 contract（合同）的定义如下："A contract is a promise enforce able at law. The promise maybe to do something or to refrain from doing something."（合同是具有法律约束力的承诺，该承诺可以是保证做某事或保证不做某事。）而商务合同是合同中最常见的一种，是实现一定的经济目的、明确相互权利和义务的一种文体。商务合同是经济发展的产物，受到国家法律的承认和保护。

具体而言，商务合同应该是双方或多方之间为了实现某项特定的目标——产品销售或购买、技术合作或转让、合资或合营、补偿贸易、工程承包、涉外劳务、涉外信贷、国际投资、国际租赁、国际运输、聘用、保险等，用文字的形式明确订立具体的权利和义务条款，确定债权、债务关系。国际商务合同是商务合同的一种，也叫涉外合同，从一般意义上讲，是指涉及两国或两国以上业务的合同。

（一）商务合同的组成

不管是何种商务合同，就结构而言，都主要由以下三个部分构成：前言（Preamble）、正文（Habendum）、结尾（Final Clauses）。

1. 前言

商务合同的前言部分即合同效力条款（Validity Clauses of Contracts），是合同生效的基本条件，具有重要的法律意义。其主要内容有合同的准确名称、具有法人资格的合同各方名称（全名）、国籍、业务范围、法定住址、订约日期和地点、合同各方法律关系、签约背景、愿意达成协议的原则及授权范围、同意订约的词句等。

2. 正文

作为合同的主干部分，合同正文是合同的实质性条款，包括除了前言和结尾的所有条款部分，是合同的中心内容，以此明确签约各方的权利、义务、责任和风险等，通常由以下几个部分构成。

（1）合同的种类与范围（Types of Contract and Scope of the Object in the Contract）。

（2）合同价格、支付金额、支付方式和其他附带费用（The Contract Price, Amount, Method of Payment, Other Various Incidental Charges）。

（3）双方的责任和义务（Responsibilities and Obligations）。

（4）合同的转让条件（The Conditions for the Assignment of Contract）。

（5）违反合同的赔偿及其他责任（Liability to Pay Compensation and Other Liabilities for Breach of Contract）。

（6）合同发生争议时的解决方法（The Ways for Settling Contract Disputes），如和解（conciliation）、调解（mediation）、仲裁（arbitration）和诉讼（litigation/lawsuit）。

（7）保险条款（Insurance Clause）。

（8）不可抗力条款（Force Majeure）。

（9）合同的有效期限，以及可以延长合同期限和提前终止合同的条件（Validity, Renewal and Termination of the Contract）。

3. 结尾

合同的结尾，指写在合同结尾部分的最后条款，包括证明部分（Attestation）、签字部分（Signature）和附件部分（Appendix）。一般包括合同使用的文字及其效力、约尾条款、签订合同各方单位全称和法人代表姓名、委托代理人签字并盖章、签约日期；附件部分作为对正文条款的补充，如图纸、表格、样品、担保书、相关协议等，并非所有合同都有。

上述商务合同的三个组成部分以及三个部分的各个细节，是所有商务合同一般都会涵盖的内容，是其重要的组成部分，所以，翻译一份完整的商务合同时，一定不得有所遗漏。下面将着重从文本类型与语言特征、文本功能与翻译目的两方面来阐述商务合同的翻译策略、文本特点及翻译标准，并给出文本翻译示例。

（二）商务合同的特征

商务合同是经济活动中的重要文件，是一种契约文体。关于契约文体的特点，刘宓庆教授认为，主要有条理性、纪实性、规范性等。

1. 文体特征

条理性指逻辑上和语言体例上，都要有条理。契约文体完全不同于论述文，不求铺叙，但求明晰；也不同于描述文，不求修饰，但求达意。纪实性指签订合同时在提出、筹划、限定、应策某种事务，一定要言而有实；契约中的程式一般表述某种事务的工作程序、常规或"标准信息"，一般是言之有实的，同业见之，照此办理。契约文体作为法律文体，要求用词规范，符合约定俗成的含义，一般不能改动，除非经双方（或多方）商定才可变动，因为合同是约定的书面依据，不容许随意改动文字。商务合同属于契约文体，以规范准确、庄重严谨为首要特点。无论是在词汇、句法结构和行文程式上都有严格的要求。在这些文体特点方面，中英商务合同既有相同之处，又有不同之处，翻译时，一定要注意适当转换，做到功能对等。

2. 词汇特征

（1）正式庄重。商务合同是具有法律性质的公文，习惯采用正式的书面词语，以表现出法律条文的庄重和权威，所以，合同用词严格，语体非常正式。在英文商务合同中，一般用含名词的动词短语代替单个动词，比使用单个动词更具强调性和正式性；但中文合同更多地使用动词，所以汉语译文中一般只能译成动词。例如，give approval of（代替 approve），批准；take delivery of（代替 deliver），交货；make preparations to（代替 prepare），准备。此外，英文合同中会使用一些古体词语，特别是一些古体副词，在句子中作状语或定语，使行文更加书面、正式，并且可避免重复，承接合同条款上下文。其中，here + prep. 和 there + prep. 结构的词汇较多，表示时间、地点、方式或条件等，而 where + prep. 结构的词汇多用作连接副词或关系副词，用来连接句子，表示时间、地点或方式等。

（2）专业规范。商务合同是依法订立的具有法律约束力的公文，因此，会大量使用法律词语、合同术语、行业术语等词汇，专业规范地表明条款意思，避免意思模糊，引起争议。其中，行业术语范围非常广泛，如销售合同中关于销售及销售产品的术语，技术转让合同中关于专业技术方面的术语，涉外信贷合同中关于金融和信贷的术语；此外，不同的销售产品、不同的专业技术领域及不同的信贷方式，对应的术语又有不同。

（3）严密准确。商务合同要将签约双方的意愿清晰地表达出来，需做到用词严密准确、具体明确，不能模棱两可，产生歧义，这是合同语言的另一重要特点。严密，指用词要无懈可击，无疏漏；准确，指合同中涉及的名称、数额、地址、日期等信息不得模糊。这样才能促使签约合同的各方明确规定的义务和权利，按时履行合同，避免在履行过程中发生争议，引起不必要的纠纷。为保证合同语言周密严谨，加强语气和精确性，减少语言的歧义和漏洞，英文合同多成对使用"or"，连接的近义词和"and"连接的同义词，翻译前者时，一定要注意这些近义词意义间的微妙差别，一般需要全部翻译出来；而后者翻译成汉语时，由于汉语很少成对使用同义词，所以一般译成单个词语即可。

中文商务合同为使表述严谨明确，不产生歧义，经常会重复关键性名词，即使在同一句中，也会进行重复强调。重复是汉语的一个重要修辞手段，能够平衡句子结构，加强语气，增加韵调；因此，汉语句子中，一些词或词组重复使用的现象和结构类似、含义相同的几个词组连用的现象，是相当普遍的。尤其是关键名词，汉语商务合同往往会在一句话中不惜多次重复，其目的在于把事情说得更明白，更清楚。

英语民族的语言心理习惯使得英文中单词的重复现象比汉语要少得多；英语在能明确表达意思的前提下，习惯采用替代、省略或变换单词等方法来避免单调的重复，让行文更加生动、简洁。因此，翻译时，汉语合同中重复的名词，在不影响其意义精准传达的情况下，一般会使用替代的翻译策略。当然，如果使用替代有损原文意义，或无法准确传达原文意义时，为保证原文达到预期的语用效果，在翻译时，可采取直译的翻译策略，即重复翻译原文中出现的重复名词。

（4）英汉差异。合同中，很多条款会涉及签约各方的权利、义务、规定、禁止，即可以做什么、应该做什么、必须做什么以及不能做什么。英文商务合同中，此类条款经常用到情态动词 shall、shall not、may、may not，其中 shall 是使用频率最高的词汇之一，用来表示合同中各项具体的规定和法律上应当履行的义务、债务及应承担的法律责任，可根据上下文语境灵活翻译成"应""应该""必须""可以"等，有时也可以不译；否定意义为"不必""不应该"。may 表示义务，可译为"可""可以""允许"；may not 表示禁止，可译为"不可"。汉语没有情态动词，经常用到的是能愿动词，功能与英语情态动词类似，有的表示必要，如"应、应该、应当、该、当、须"等；有的表示可能，如"能、能够、会、可、可能、可以、得以"等；有的表示意愿，如"肯、要、想要、愿、愿意、敢、敢于"等。可根据原文具体内容，翻译成合适的情态动词。

3. 句法特征

（1）多用长句，结构完整。商务合同是具有法律效力的公文，因此在对某些法律条款进行阐述时，限定条件很多，相应的中心词也会有较多限制，才能保证传达的信息严密完整、具体准确，所以，句法结构上，商务合同中的句子一般都比较复杂，句子结构完整，通常不使用省略句。中英文商务合同中，长句较多，短句较少。

为确保签约各方的权利和义务能够完整无误地表现出来，同时做到逻辑严密，合同的语句一般较长，从句和插入语较多，特别是英文合同。英语作为一种形合语言（hypotactic language），逻辑性强，所以在英文合同中经常见到复合句和复杂句，结构复杂，附加成分多，甚至有时一段就是一句话。陈建平曾对一份工程承包合同的文字做过粗略统计，该合同的正文共有 17 个条款，共计 53 句，1749 个词，平均每个句子长达 33 个词，远远超过英文句子的平均单词数（15～17 个单词）。英文合同以复合句和复杂句居多，结构复杂，组织严密，句型多样化，常用的是条件状语从句和定语从句。

商务合同在规定签约各方的权利和义务时，必须考虑到可能出现的种种问题和情况，尤其是意外，这样才能做到"面面俱到，有备无患"，保证合作能够顺利进行；因此，合同中的某些条款会假设可能出现的问题和情况，并说出相应的结果或对此提出解决办法。在英文合同中，该类句式表现为 if、in case、in the event that 等引导的条件从句；在中文合同中，为假设复句。鉴于中英文合同都具备这一共同特点，翻译时，可以采取直译的策略，将英文的假设条件从句译成"如果……""如……""倘若……""若……"等假设句；将中文的假设句译成英文的条件句，或译成 should 位于句首的条件倒装句。

定语从句包括限定性定语从句和非限定性定语从句两类，翻译时，一定要厘清逻辑关系，适当调整句序。限定性定语从句与先行词的关系非常密切，主要采用合译法，译成"……的"句式，置于被修饰语的前面；有时采用分译法，重复先行词；亦可用"该""其"等代词重复关系词所代表的意义。非限定性定语从句与先行词关系并不太紧密，主要起补充说明的作用，一般采用分译法，先行词可以重复或省略。

（2）固定套语，权威统一。商务合同作为法律文书的一种，具有权威性和统一性，因此，一些表达法已成为约定俗成的套语，平时可多加积累，在翻译时直接套用，会使译文更加专业、地道。

（3）英文多使用被动语态，汉语多使用主动语态。商务合同的法律性质决定了其客观公正的文字风格。英文商务合同中的被动语态句式常用 it 作形式主语，比如"It is agreed that…""It is understood that…"，还常常以事或物作主语，这就避免了主观性，给人不偏不倚的感觉；而汉语较少使用被动语态，很多包含被动意义的句子，也总是用主动句的形式来表达。翻译时，要注意语态的转换。英译汉时，将被动语态转换为主动语态；汉译英时，也要适当地将主动语态转换为被动语态。这样才能既做到内容上忠实，又保证了语言地道、通顺。

（4）汉语偏好"……的"句式。商务合同中，汉语以"的"结尾的句子结构经常出现。"……的"句式在法律文体中，表示假设或者省略了真正的名词，是一种客观公正的表现手法。翻译时，要根据上下文语境进行分析。表示假设时，要译成英文的假设条件句；省略了名词的，要进行补充——保证译文的正确性，保持原文严肃客观的语气。

4. 语体特征

从上述词汇和语法特点分析可以看出，中英商务合同最明显的语体特征就是客观公正、严肃严密，语气非常正式，符合其法律文体的特点。翻译时，应注重词汇的选择和句法的处理，做到译文和原文功能对等，语用等效。

三、外事文本翻译

随着世界全球化的发展，国家与国家间的交流活动越来越多，为了增加国家之间的相互合作，要吸取他国的先进经验来加快我国社会文化的建设，要和不一样文化背景、不一样语言的人多交流、多沟通。在外交活动中，外交翻译是很重要的交流方式，外交翻译自身也是一个跨国际、跨文化的交流活动。外事翻译已经有很长的历史，它是从国家之间开始有来往时，就开始产生的。改革开放以来，我国外事翻译事业蓬勃发展。步入 21 世纪，我国发生了许多重大且具有深远历史和现实意义的大事，如 G20 峰会在杭州召开、举办亚太经合组织（APEC）会议、举办奥运会、加入世贸组织、载人航天飞机发射成功等。中国迎来了改革开放的新纪元，政治、经济、文化、社会等各方面对外开放的深度和广度都史无前例地扩大与发展了。与此同时，我国的外事翻译事业面临着新的机遇和挑战，大量翻译实践使人们开始对外事翻译的经验进行总结，对翻译过程中的得失进行分析研究，并开始从理论层面上对外事翻译中反映出的一系列问题进行思考，对这些问题进行深入探讨和研究，有助于我们加深对外事翻译本质的认识，提高外事翻译的质量。

外事翻译就是把这种语言所要表达的意思用另外一种语言表达出来，且要满足外事话语的规范，就是要让读者或者听者对外事活动有相同的理解。外事翻译就其本质而言是一种应用（文体）翻译。应用翻译亦称实用翻译（practical translation），是某一种专业知识在实际应用中的语言转换活动。外事翻译即为外事工作中的语言转换活动。根据功能翻译理论，外事文本可按不同功能划分为"表达型文本"（expressive text）、"信息型文本"（informative text）和"召唤型文本"（vocative text）三大类。

"表达型文本"的核心是说话者或作者，即原文的"思想"，说话者或作者在文本中的地位是神圣的，其个性成分构成了"表达型文本"的"表达"要素，所谓"文如其人"，因而"表达型文本"的内容与形式均成为翻译的着力点。"信息型文本"的核心是信息传达的真实性，即以客观信息为翻译转换的重心，作者则处于一种隐身的地位。相应地，翻译中应注重信息和客观事实的真实传递。报告、文件、公务信函等基本上属"信息型文本"。"召唤型文本"的核心是读者，作者的身份并不重要，重要的是信息传递的效果和读者的情感呼应，即读者效应。这类文本的着力点在于号召读者"去行动、去思考、去感受"。通知、广告、宣传材料等属于此类文本。下面论述外事翻译的特征。

（一）外事翻译的政治性

外事翻译是有自己的翻译目标和语言特点的，因此，要正当地开展外事翻译，最先了解的就是外事翻译的语言特色。通常接受外事翻译译文的都是外籍人，他们的生活方式、文化历史、语言、心里活动和我们都是有差异的，所以从事外事翻译的人，他们在语言特色上需要遵守正确、清晰、合理简单的原则。外事翻译和其他翻译有差别，外事翻译是有政治倾向的，在翻译时要想着自身国家政府的观点和立场，要知道相关的文化和政治背景，要弄清楚文字中的真实含义和政治倾向。

（二）外事翻译的时代性

因为外事活动、新闻报道有其自身的前沿性和特殊性，所以对这些新词是非常敏感的，同时也是最开始使用的。这样的词有新词新译、以前的词转义、现造新义等，因此，从事外事翻译的人，要跟上时代的步伐，合理地应用这些外交词，准确地表达出作者要表达的意思。外事翻译通常会牵扯到一些国家的文化习俗、历史背景等。翻译者在翻译一些跟历史有关的事情时，对那些不正确的词语或者是观点要尽早改正，以便让看译文的人能清晰正确地了解。与此同时，随着事物的发展，我国每时每刻都在发生很大的变化，所以从事外事翻译的人，应当加强对新事物的敏感程度，不管是在文化还是在思想上都要跟上时代的步伐。

（三）外事翻译的准确性

文化和语言总是有着千丝万缕的关系。文化的概念非常广阔，它包含了社会的每一个角落。不管是哪一个民族，其语言和文化、政治制度都紧紧地联系在一起。在一个语言当中的名人名言、习惯用语、俗语常常在文章中被引用。翻译者在翻译这些文章的时候，既要了解我国的宗教信仰、历史、政治制度、风俗习惯，还要知道英美语言中的文化知识。如果做不到这点，那么翻译出来的文章内容就不会非常准确和合理。

四、餐饮文本翻译

餐饮文本翻译属于跨文化文本，目标受众是对中国餐饮文化感兴趣的读者或者带有直接目的性的点餐者。根据纽马克的翻译理论，餐饮文本翻译属于交际翻译范畴，具有表达、信息及召唤功能，其翻译的目的是尽可能地在目的语中再现原文读者感受到的同样的效果。在纽马克交际翻译理论的指导下，探讨中国菜肴名称的翻译理论、技巧和方法，既要避免译文所传递的信息过于模糊、晦涩难懂，也要避免译文过于直白而缺少趣味，这样会产生一系列问题，比如译文难以为受众所理解，无法满足审美的要求，或者不符合受众的语言习惯和文化背景等。

餐饮文本具有信息、召唤、审美的功能。因为地域差异，中国和英语国家都有独特的具有民族特色的饮食和烹调习惯，且继承着不同的风俗民情。英语国家的人饮食观念是理性的，他们在摄取食物的时候，重视食物所能提供的营养成分和食材的新鲜度，在烹调过程中保持原有的营养成分和味道，所以菜肴所含原料在菜名中一目了然。而中国菜在烹饪文化和烹饪技法上，具有多彩多姿、精细雅致、和谐适中的特征，中国菜的英译名应能使外国人从中了解到菜肴的原料、烹调方法及味道，达到吸引他们品尝菜肴的目的。

餐饮文本翻译是一种跨语言、跨社会、跨时空、跨文化、跨心理的交际活动。东西方人们所处地理位置和自然环境有着极大的差异，中国文化是从陆地文化和农耕文化的基础上发展而来的，而西方文化则根源于海洋文化和畜牧文化。两种文化之间，不仅在饮食习惯上有很大的差别，在价值观念以及文化认知心理等方面也大不相同。由于不同语言的差别，更由于语言背后的文化差别，对于餐饮文本的翻译，面临着语言转化和文化转化的多重困难。因此要实现译文和目标语言文化的完全融合是很困难的。为了保障译文的准确性和便于接受，就需要对文化之间的差别及其差别产生的历史原因进行深入的探究和分析，以寻求弥补不同语言文化之间鸿沟的有效方式。餐饮文本的语言特征主要包括以下几方面。

第一，有些中餐菜名直接说明原材料、烹调方式、菜品的色香味形或者菜品的创始人或发源地等详细内容。对这类菜名，译者应把实质性的基本信息传达出来，如鸡丝凉面（Cold Noodles with Chicken Shreds）、冬笋牛肉丝（Fried Beef Shreds with Bamboo Shoots）、糖醋咕噜肉（Fried Pork Slices with Sweet and Sour Sauce）。

第二，一些中国菜名蕴含丰富的中华文化，对于这类中国菜名的翻译，需要既保留菜的文化特色，又让外国朋友了解这道菜的内容，如东坡肉（Dongpo Braised Pork）、宋嫂鱼羹（Songsao Fish Potage）、北京烤鸭（Beijing Roast Duck）。

第三，有些中文菜名含有典故，其名称本身既不反映菜的原料，也不反映烹调方法，若要讲清其意义，必须讲述一个故事或一段历史。这类菜名在翻译时需要解释其中含义。如：

叫花鸡 Beggar's Chicken

There is a legendary about it. Long long ago there was a beggar. One day he stole a chicken and was pursued by the owner. He was almost caught when he suddenly hit upon a good idea. He smeared the chicken all over with clay, which he found nearby and threw it into the fire he had built to cook it. After along while the beggar removed the mud-coated chicken from the fire. When he cracked open the clay, he found, to his astonishment, that the clay together with the feather had formed a hard shell in which the chicken had been baked into a delicious dish with wonderful flavour. That night he had a very enjoyable meal. Hence came into being the name of the dish.

佛跳墙 Buddha Jumping over the Wall

Ingredients used for the casserole are all delicacies of Chinese cooking: shark's fins, seacucumbers, abalones, dried scallops, ham, chicken, duck, lamb, bamboo shoots, mushrooms and various spices. These are sealed inside the casserole and boiled for long hours，ensuring the essence of each ingredient is being extracted. Thus，besides the wonderful taste，the casserole also has high nutritive values. The meaning of "Buddha jumping over the wall" is that，this dish is so delicious that the Buddha cannot help jumping over the wall and have a taste.

第四，有时中国菜是根据菜的主料和配料的色或形的特点，或烹调后的总体造型来命名的，名字吉祥、典雅，对于这类艺术化的菜名一般采用意译，舍形或舍音求意，将其原料和烹饪法照实译出，如：狮子头（Crab Meat and Minced Pork Balls in Casserole）、蚂蚁上树（Bean Vermicelli with Spicy Meat Sauce）、一卵孵双凤（Steamed Chicken in Water Melon）、翡翠虾仁（Stir-Fried Shelled Shrimps with Peas）、凤爪炖甲鱼（Steamed Turtle and Chicken's Feet Soup）、百花酿北菇（Mushrooms Stuffed with Minced Shrimps）。

五、旅游文本翻译

旅游，既是世界改变的产物，也以前所未有的深度和广度对世界的变革产生影响，推动着人类社会的发展。随着中国游客的脚步走向地球的每一个角落，越来越多的外国人也希望来到中国，探索这个古老而神秘的国度，走遍她的名山大川，感受她丰富多彩的文化。根据国家旅游局《旅游质量发展纲要（2013—2020 年）》（简称《纲要》），到 2020 年中国将在国际上树立"美丽中国之旅"品牌。为配合涉外旅游的快速发展，尽早达成《纲要》目标，高质量的旅游文本英译显得尤为重要。

目前，国内各大旅游景点一般都提供英文翻译，不管是导游词还是景区介绍、宣传或标示牌等，英文随处可见，但是这些译文存在颇多问题，如语法和表达不当、中式英语、用词累赘、文化误译、大肆渲染、华而不实等，造成外国游客的误解，影响景区的宣传效果，损害我国的对外形象。

　　旅游文本指与旅游行业相关、以旅游为目的而使用的文本，涉及旅游过程中的各个方面，如景点介绍、风俗与文化、地方特产、餐饮、住宿、交通等诸多方面，因此旅游文本不仅包括简单明了的基本信息介绍、优美华丽的景色描写、博大精深的历史述说，还涉及各种宣传辞藻甚至是广告，这些内容使旅游文本形成了自己独特的语言特征、修辞特征和文化特征等。

　　德国语言学家布勒（K. Buhler）将语言功能分为三类：信息功能（the informative function）、表达功能（the expressive function）、召唤/祈使功能（the vocative function）。根据这一理论，英国翻译学家纽马克（P. Newmark）将文本类型分成相应的三类：信息文本（informative text）、表达文本（expressive text）和召唤文本（vocative text）。

　　信息文本包括科技、商业、工业、经济等方面的课文、报告、论文、备忘录、纪要等；表达文本一般包括严肃的想象文学、权威发布、自传、个人通信等；召唤文本包括通知、操作说明、宣传、流行小说等。德国翻译学家赖斯也根据布勒的语言功能学说将文本分为三类：信息文本（informative text）、表情文本（expressive text）和操作文本（operative text）。赖斯认为，不同的文本类型应采取不同的译法。信息型文本的译文应充分传达原文的指涉功能，文本中的指涉可能是现实的或者虚拟的事物；表情型文本的译文应传达原文的审美及艺术形式；操作型文本的译文应在读者那里产生预期的反应。纽马克和赖斯对文本的分类在本质上基本一致。

　　旅游文本是一种应用文体，涉及旅游观光本身、交通、住宿、餐饮、购物及教育、探险等诸多方面，所以大多数旅游文本包含很多信息，信息性很强，同时又极具"召唤"功能，即"唤起读者的行动"。顾维勇指出："旅游资料的功能是通过对景点的介绍、宣传，扩展人们的知识，激发人们旅游、参观的兴趣。"正是因为旅游文本既信息丰富，又显示出呼唤的语气，伍峰等指出："旅游文体是一种信息型、呼唤型文体，或者信息—呼唤复合型文体，以描述见长，与异国情调、民俗文化不可分离。"在中国，旅游景点的介绍和宣传，尤其是历史人文景点的介绍和宣传，少不了引经据典，这些历史典故、诗词歌赋一方面可增加景点的文化底蕴，另一方面也展现了中国文学的魅力。因此，旅游文本属于信息文本、表情文本和召唤型文本的结合体，具有信息功能和召唤功能的同时也具备一定的审美、艺术功能。

许多学者都有过关于旅游文本中的语言特征的论述和总结。比如陈刚在论述旅游文本时将其划分为书面体和口头体两类，认为书面体的文本，以描写为主，要做到明白通畅，生动形象。其中包括召唤型的如旅游广告，需要"短小精悍、富有创意"，在句式上则要"活泼简洁"，这样才能吸引游客；契约型的如旅游合同，则要求用词规范准确；信息型的如旅游行程，要做到简洁明了。而口头体的旅游广告，在语言上要符合口语和口译的特点，其文本包括即兴型的现编导游词、复合型的预制导游词、即兴精制型的现编＋预制导游词。

陈刚对英语旅游文本特点的论述也适用于汉语的旅游文本，同时对汉英旅游翻译工作者具备一定的启示。伍峰等认为："从整体上说，旅游文体具有以下特点：短小精悍，生动活泼，通俗易懂，信息量大，又不失文学性、艺术性、宣传性和广告性。"李明在研究对比了大量的中英文旅游资料后发现，英文的旅游资料在风格上倾向于简约实用，结构严谨，语句简洁，表达直观。其重点放在信息传递的准确性上。在描写景物时往往会通过对于"客观的具象罗列"达到传达"实实在在的景物之美"的目的，力求给读者留下清晰明了的印象。然而汉语的旅游宣传资料大多言辞华丽，语言经常使用四言八句，描写景物时并不清晰地展现物象而喜爱使用华丽辞藻来渲染，显得文采斐然。此外，汉语旅游资料还经常使用诗词或者典故，以期展现出诗情画意的美感。例如，在介绍杭州的旅游材料中会出现"上有天堂下有苏杭""若把西湖比西子，浓妆淡抹总相宜"等词句。

了解旅游文本的语言特点以及中英文旅游文本在用词、修辞、句式和文化现象等方面的异同，有助于译者更好地传达原文的信息和语气，从而保证旅游文本在目的语读者群中也能发挥同样的作用，使目的语读者在景区的游览顺利而愉悦，并吸引更多的目的语读者前往景点参观游览，达到宣传目的。

六、汽车文本翻译

在全球汽车工业迅猛发展的带动下，国际汽车贸易也飞速发展，因此汽车文本的翻译在此背景下也变得越来越重要。对于汽车商标、说明书以及广告的翻译，直接影响了商品的市场竞争能力和产品的宣传效果以及营销策略。然而汽车文本的翻译在跨文化背景下，也会遇到种种困难。以往的汽车翻译研究，着重于词汇和文化，而缺少翻译理论方面的探究。然而一些理论，比如功能翻译理论，能够对汽车文本翻译进行理论上的指导。功能翻译理论将翻译作为一种跨文化的交际活动，将文本功能置于首要地位，而翻译策略的选择则是由译文的功能或者目的来决定的。

商标是商品经验者或者生产者采用的一种标记，用来将自己的商品与市面上的其他商品区分开来。商标有时是单独的文字或者图片，有时则是文字和图片的组合。商标的功能主要有两点，即用于传递商品信息、识别商品和用于宣传与消费诱导。作为一种特殊的语言符合，商标是具有商业意图的，因此商标的翻译也具有功利性的目的。汽车商标的翻译就是为了能够宣传产品，提升产品形象，达到促进销售的目的。

广告的功能从根本上来说是为了向消费者提供产品信息，以促进商品的销售，同时它还具有树立品牌形象的功能。其功能包括经济、文化、社会、教育等多个方面。广告的信息传递可以通过多种媒介来完成。比如说汽车广告往往会出现在报纸、杂志、海报、收音机、电视以及网络等不同的媒介上。汽车广告是目的性非常强的文体，是感染型文体。出于广告的目的考虑，在广告翻译中，往往不能一味追求原文与译文的完全对等，而需要译者对原文进行再创造。一篇成功的广告翻译要求译者在再创造的过程中，顾及目标语言的语言特征和文化特征，以使译文能够迎合目标人群的心理期待。

　　汽车说明书是对汽车用途、规格、性能和使用方法所做的简明文字说明。说明书的翻译归于应用翻译的范围内，在翻译中要强调语言的简明和准确。同其他的应用翻译一样，说明书的翻译具有商业性、匿名性、专业性和目的性以及实用性的特点。功能派翻译理论以"目的至上"为原则，突出文类规约和文本功能，能够有效地指导汽车说明书的翻译操作。

（一）汽车商标的语言特征

商标是一种特殊的语言形式，文化和语言之间是相互共生的，所以商标和文化之间的联系也是密不可分的。通过汽车商标可以发现，在商标之间展示了汽车的文化属性以及商标的区别功能。

　　1. 源自具有历史意义的人名和名篇佳作

　　大多数的汽车商标都是由一些历史名人或者是在相关行业有过特别贡献的人的名字来进行命名的，这些命名都有其特殊的意义。

　　外国的汽车商标的命名有的是从一些大家都知道的文学巨作中选取的，这些名字都是一些美好的事物以及一些特殊环境的代表，这其中的代表例子就是英国的汽车商标词"西风"（Zephyr）。

　　2. 源自本土民族特色和历史

　　很多汽车的命名源自本土源远流长的历史或是代代相传的民俗习惯。拿美国来说，其号称车轮上的国家，是名副其实的汽车大国。壮美的群山和辽阔的草原以及幽深的峡谷、瑰丽的海洋和神秘的印第安文化，这些组合起来就形成了美国独有的粗犷、率真、豪迈、勇敢的文化魅力。很明显，美国所产生的这些品牌，都带有美国那种独特的文化魅力。美国的一些开拓者翻山越岭、跋山涉水征服一切来到了美国西部，展开一种全新的生活，在这里他们向世人展示了那种直面一切，敢为人先的超级精神，而许多的汽车品牌也在这中间找到灵感

（Conquers，Tracer）。通过这些商标向人们展示了美国的文化魅力。

3. 源自神话传说和风景名胜

许多文学都是从神话演变而来的，人们通过这种方式对大自然进行一种独特的解释，所以其透露出一种神秘。西方文化中神话占有着相当重要的位置。通过这些独特的视角，可以看出人性的解放，同时展示出对大自然的那种征服性。也由此产生了许多汽车商标，让人们可以展开美好的想象。

一些风景名胜的景色令人神往、让人陶醉，所以也大受汽车制作商对商标的选择。比如雪铁龙汽车公司旗下的 Elysee 这款车，就取自巴黎香榭丽舍大街东端的爱丽舍宫这一风景名胜，这个风景名胜有着长达 300 余年的悠久历史，这个宫殿都是那些达官贵人在使用，其中法国国王路易十五以及路易十六在执政的时候都是居住在这里。使用这个名字来作为商标，赋予了该车浪漫和高贵的气质。

4. 源自让人产生美好联想的词汇

不管东西方的文化存在多大的差别，都不能影响到人们对美好事物以及幸福生活的美好向往，所以在确定商品标准的时候，人们都会从"吉利"出发，去迎合消费者的那种心理习惯。

（二）汽车广告的语言特征

自从 19 世纪末汽车产生以来，至今为止已经有 120 多年了，这期间，关于汽车的广告也由此产生了。悠久的汽车历史以及昂贵的价格使得其对广告也有了更高的要求。为了让汽车上市有更大的市场，汽车广告在这期间扮演着重要的角色。

1. 词汇特点

广告英语在用词方面与普通英语有着较大的区别，为了使宣传效果达到最佳，广告用语的设计一定要突出特点。而在一些英语广告中，经常会使用一些短小的动词和简单的名词、生动的形容词、亲切的人称代词和一些比较新颖的词语来吸引人们的眼球，这样可以和生活更贴近。

例1：Baseball, hot dogs, apple pie, and Chevrolet. (Chevrolet)

例2：Think. Feel. Drive. (Subaru)

例3：At 60 miles an hour, the loudest noise in this new Rolls-Royce comes from the electric clock. (Rolls-Royce)

例4：Your next car. (Chrysler)

例5：Piston engines go boing (x7). But the Mazda goes hmmmmmmmm. (Mazda, 1973)

例1中的前三个名词都代表了美国的文化，同时把Chevrolet放在第四个位置上，可以最大程度上来展示其品牌；例2则通过人们熟知的、简简单单的一些词语来将Subaru向消费者传达；例3虽然用了loudest这个词语，但是却反衬出Rolls-Royce在噪声上的优点；例4则通过第二人称将生产商和消费者的距离拉近，让人们感到更亲切；例5中运用开创性的boing (x7) 与hmmmmmmmm这一拟声词，更加彰显出Mazda这一品牌的优点；通过上面这些可以清楚地看出，尽管在这些英语汽车广告词中没有使用难词和大词，但是通过一些简明的词语极大程度上展示了该汽车的汽车文化，使得宣传效果达到了最佳状态。

2. 句法特点

我们经常会采用一些突出重点、短小精悍的语句来进行英语汽车广告的宣传，而且会将一些不太重要的信息省略，这样就给人们留下了想象的空间。同时，劝说功能作为广告功能的主要功能之一，祈使句正是实现劝说功能的不二之选，可形成强大的号召力。

例6：Shift the future. (Nissan)

例7：Drive your way. (Hyundai)

例8：What will you do with all the money you save? (Toyota)

例9：Have you driven a Ford…latterly? (Ford)

例6、例7是祈使句，这样一来不仅将劝说功能进行最好的展示，同时也能让这些广告语更加被消费者所接受；例 8、例 9 则采用了疑问句，同时还采用了人称代词，通过"一问一答"的方式，在无形中拉近了和消费者之间的距离，激发消费者的兴趣。在一些英语汽车广告语中，其词汇特色和语法特点还是比较接近的，它是将简单进行到底，同时将祈使句、疑问句结合在一起，向消费者非常清楚地将汽车品牌的含义展示了出来。

3. 修辞特点

要想创造的广告语与众不同，牢牢抓住消费者的心，就必须在语言上多下功夫，策划者借用各种修辞方法来体现商品的特点。像比喻、拟人、反问、设问、对偶、谐音、一语双关等修辞手法都是创设广告语时常用的，就此来创设一个情境，让消费者对商品的优点一目了然。英语的汽车广告语也不例外。

例 10：Like a rock.（Chevrolet Trucks）

例 11：They will stay on the job longer than most employees.（Volvo）

例 12：Where there is a way, there is a Toyota.（Toyota）

例 13：Major motion, from Nissan.（Nissan）

例 14：Bigger in Texas, better in a Dodge.（Dodge）

例 15：Chevrolet, building a better way（to see the USA）.（Chevrolet）

例 16：Zoom, Zoom, Zoom.（Mazda）

上面的这几个例子中都运用了修辞手法，将不同汽车品牌的特点都展示了出来。如例 10 将 Chevrolet Trucks 比喻成 rock，传达了其坚实、硬朗的特质；例 11 套用大众熟识的谚语"Where there is a will, there is a way"，采用这种修辞手法，不仅形式新颖，而且容易被消费者所接受；而在例 16 中则使用了三个拟声词，通过这种表达方式，让人们感觉到更加真实。合理地使用修辞手法，更能展示产品的美感，也更能让消费者所接受。

（三）汽车说明书

就本质而言，英文的汽车使用说明书翻译属于科技文体翻译的范畴，它的重点放在传递内容的准确性，而且阐述的内容必须要被读者所理解，具有信息性、实用性和匿名性等特点。以下将从如何进行构词、如何组句等多个角度来介绍英文的汽车使用说明书，由此归纳出这类文体的用语特征。

1. 构词特点

（1）复合词和缩略词的广泛使用。

（2）新词大量涌现。

（3）词性转换现象普遍。

2. 句式特点

英文的汽车使用说明书属于科技文体的范畴，所以必须符合科技英语的基本特征，也就是说，语句应该简短易懂，但必须把具体的使用过程阐述清楚，而且所传递的信息一定要真实可靠。因此，英文的汽车使用说明书里面包含着大量较长的语句，并且会频繁地使用虚拟语句、被动语句还有祈使句等。句式特点包括：①长句的大量使用；②祈使句的大量使用；③被动语态的大量使用。

第二节　英汉应用文本语言对比与翻译

应用文本的范围很广，内容涉及政治、经济、社会、文化、科技、生活等各个方面，大到政府发放的公文、张贴的告示、科技方面的论文、新闻资讯，甚至法律方面的文稿文书、商业间的通往信件，小到产品功能介绍书、使用说明书、广告词、有关科技方面的书籍、旅游杂志等。

汉语和英语都有应用文体，各自的文本体裁差异也不大，但是，由于语言与文化上的差异，两种文本在语篇组合和行文风格上有很大差异。本节从词汇、句法和语篇层面，运用实例比较两种文本的不同，并探讨相应的翻译技巧，使语言表达准确地道、通俗流畅。

一、英汉词义比较与翻译

每一句完整的语言都是由词语汇聚而成的，它所具有的内涵是不可忽视的。因此我们常说，词语是构成话语的基础，也是语言三要素（语音、语法、词汇）中最易产生变化的部分。离开词汇，语言就失去了交流的价值。作为最基本的语言材料，词也是翻译的基本单位。语言的翻译不仅是简单的文字符号转换，更是思维方式和观念系统的转换，在这个转换过程中，词汇作为最基本的语言材料，对于准确翻译、完善表达起着举足轻重的作用。无论是进行英译汉，还是进行汉译英，都必须把基本的词汇翻译作为重点，只有这样才能完整地阐述原文的内容。

由于英汉民族间的共性和个性，英汉词语间也存在着共同点和差异之处。要在英汉互译时更好地理解原文，并在目的语中选择合适的词语来表达原文所表达的意义，就必须对其共同和不同之处有所认识。总的来说，英汉词语在词义方面存在着以下三种对应关系：基本对应、部分对应和词义空缺。

（一）基本对应

英汉词义基本对应主要表现在专有名词，商务、科技术语，常用词汇等方面。

第一，地名：湖北省（Hubei Province）、黄河（Huanghe River）、芝加哥（Chicago）。

第二，数字和数学公式：1（one）、2（two）、3（three）、$1+1=2$、$3 \times 3 = 9$（注：数字和数学公式的一一对应不仅表现在概念上的对等，还表现在两种语言都可用阿拉伯数字表达数字和数学公式）。

第三，技术术语：铸件（casting）、流动性（fluidity）、通货膨胀

（inflation）、发动机（engine）、软件（software）。

第四，常用词汇：我们（we）、太阳（sun）、冬天（winter）、政府（government）、吃饭（eat）。

像这样的词语，都是一个词汇一个含义，没有其他的意思相同的词语，也没有近义词，无论放在什么文章里它们都只有一个意思，所以进行翻译时特别简单，直接翻译就好。

例如：Acupuncture is promoted as a treatment for pain.（针灸现在越来越多地被用来治疗疼痛。）

（二）部分对应

部分对应指一个词语对应多个词语。由于英汉两种语言分别属于不同的语系和不同的民族，因此在一种语言里往往很难找到与另一种语言完全同义的词语。就词语而言，部分对应一般由于一词多义（词的多义性）及语言的模糊性所致，使两种语言由同一基本概念延伸、集约而形成的语义场不能实现同构，出现"叠区"，这个叠区就是两种语言的部分对应现象。

（1）英宽汉窄是指一个英语词语对应多个汉语词语。例如：thick（厚、稠、粗），thin（薄、稀、细），capital（首都、首府、省会、资本），cousin（表兄、表弟、表姐、表妹、堂兄、堂弟、堂姐、堂妹）。在英译汉时，应根据具体语境判断英语词语的确切含义。

（2）英窄汉宽是指一个汉语词对应多个英语词。例如：袜子（sock），车（car, etc.），肉（flesh, meat, etc.），吨（ton）。在汉译英时，应根据具体的语境判断汉语词语的含义，并用恰当的英文表达出来。

（三）词义空缺

词汇空缺现象是指由于文化和语言的差异，一种语言有的词在另一种语言中没有对应或契合的词。

1. 汉有英无

有些中国文化特有的事物,英语里没有与之对应的词汇表达。中国的阴阳、五行、农历节气、道教、八卦、中医、武术、传统食品以及一些时政词汇,在英语里找不到对应词语。例如:阴阳(yin and yang)、武术(martial arts,wushu)、热干面(hot-dry noodles)、共青团(the Communist Youth League)、奔小康(strive to prosper)。

词汇空缺造成了源语不能直接译成目的语的情况,因而,在翻译过程中需要对空缺的词汇进行释义或采用音译、意译的方法,尽可能全面地传达原文的符号意义,以达到交际的目的。

2. 英有汉无

一些英语国家特有的事物和现象在汉语中也找不到相应的表达方式。例如:cool(酷)、coffee(咖啡)、watt(瓦特)、bandage(绷带)、vitamin(维生素)、credit card(信用卡)。对外来词的翻译可采取零翻译、音译、意译、音意结合的翻译方法。

(四) 词语搭配

由于受到不同语言间的特点以及文化等因素的掣肘和影响,使得英语和汉语这两种语言在搭配习惯和搭配范围也大不相同,这样一来就都形成了自身的特有表现形式。进行一些固定习惯语的搭配,都是语言发展中既定的习惯,所以在翻译的时候,我们不能进行字面直译。英语中不少形容词的搭配能力都非常强,比如和 light 有关的搭配:light hair(淡色的头发)、light shoes(轻便的鞋)、a light cart(轻快的马车)、a light touch(轻拍)、a light eater(饭量小的人)、a light sleeper(睡得不沉的人)、light reading(轻松的读物)。

汉译英时,汉语的搭配习惯会影响到相应的英语表达,如果只是简单地把汉语翻译成英语,到英语中去找似乎对应的词,往往会犯英语汉化的毛病。例如:我的眼睛瞎了。(My eyes are blind.)这是错误的,(I am blind.)这是正确的。再如,我工作很忙。(My work is very busy.）这是错误的，（I am busy with my work.）这是正确的。

动词（包括动词词组）是英语中最活跃的词类，是传递信息的主要手段，也是较难掌握的一类词。如英语动词 kill 就具有很强的搭配能力，不仅可以用于人和动物，也可用于植物，而且还可引申为"使消失/毁灭"，而汉语中的"杀"一般只用于人或动物，不具有 kill 的引申义。相比较而言，kill 比"杀"应用的范围要广。例如：He killed the man.（他杀了那个人。）He killed the tree by spraying it too heavily.（他给树浇了太多水，把树浇死了。）To kill time is a sort of suicide.（浪费时间就等于自杀。）They killed the motion when it came from the committee.（委员会提出那个提案，他们就把它否决了。）

同样，汉语有些词语应用的范围比英语要广，如"打毛衣、打文件、打瞌睡、打枪、打针、打电话"，在译成英语时，以上动词短语中的"打"需要用不同的词去替换。例如：打毛衣（knit a sweater）、打文件（type the document）、打瞌睡（take a nap）、打枪（shoot）、打针（have an injection）、打电话（make a phone call）。

在翻译动宾搭配时，切忌一对一地进行字面对应。例如：学知识（learn knowledge）这种说法是错误的，正确的说法是 acquire knowledge。再如，写日记（write a diary）这种说法是错误的，正确的说法是 keep a diary。

英汉这两种语言在进行组合时虽然存在相同之处，但是也存在许多的差别，假如语言表达时将汉语的搭配法用到英语中去，就会出现词不达意的效果。要想让译文更加规范，在进行翻译的时候，就一定要注意两种语言的搭配方式，同时对那些一词多义的词语要特别注意，合理对词语进行搭配使用。

（五）英汉词序对比与翻译

汉族和西方民族在认知的程序上都是大同小异的，从平时的语句中就可以看出来。例如：高低（high and low）、轻重（light and heavy）、远近（far and near）、上下（up and down）、好歹（better or worse）、男女（male and female）。但有时认知顺序也不同，例如：大小（small and large）、迟早（sooner and later）、左右（right and left）、东南（southeast）、西北（northwest）、东西南北（north, south, east and west）、衣食住行（food, clothing, shelter and transportation）。

英语民族受到个人价值观的影响，叙述和说明事物时倾向于从未知到已知、从小到大、从特殊到一般、从个体到整体、从近到远。汉族自古以来都有着一种哲学思想，那就是"天人合一"，他们的伦理观念是以集体主义价值观为指引的，在这其中整体思维占有重要的地位，人们在对事物进行观察的时候，总是由远及近、由大到小、由已知到未知、从一般到特殊、从整体到个体。这种现象通过英汉语句中的词序可以看出来。比如，时间、地点（通信处）、姓名、称谓、组织系统、位置表达、人物介绍等排列顺序中，英语都是从小到大，汉语则相反。

例如：Barack Obama was born on August 4, 1961 in Honolulu, Hawaii.（贝拉克·奥巴马于1961年8月4日出生在夏威夷的火奴鲁鲁。）

再如：中国国际贸易洽谈会（简称"贸洽会"）经中华人民共和国国务院批准，于每年9月8日至11日在中国厦门举办。（The China International Fair for Investment and Trade（CIFIT），approved by the State Council of the People's Republic of China, takes place in September every year in Xiamen, China. ）

二、英汉句法比较与翻译

（一）主语突出与主题突出

英语的句法结构是一种完整的主谓形式，围绕主语展开。英语的主语对全局具有统领作用，一般处于一句话的主体位置。主语如果是单数，那么相应的谓语动词就是单数；反之，主语是复数，谓语也就是复数形式。在一个完整的英语句法中，主语是不可或缺的，当然祈使句除外，必要的时候还会用到虚主语，同英语相比，汉语的主语没有那么重要，因此也不具有对于全局来说的不可或缺性。汉语是主题突出语言，主题可以是一个词、一个词组、一个分句，而且总是位于句首（主语不一定处于句首）。

述题就是位于主题以后对主题进行详细介绍阐述的部分，与英语句式不同，汉语存在无主语句式，既所谓的无主句。另一个区别于英语句法的不同就是汉语在语言表现形式上很难对句法层次做出判断，主谓语之间的数的一致性也不存在，主语表现出很强的模糊性。例如：

这本书我看完了。（I've finished this book. ）

床上放着一本书。（A book is on the bed. ）

今天风和日丽。（The wind is mild and the Sun is warm today. ）

这三个汉语句中，句首成分"这本书""床上""今天"是主题，后面是对话题的评述、陈述或描述。

1. 汉语主题——述评/话题句的英译

很多汉语是话题性很强的句子，而不像英语那样有一个完整的主谓结构。汉语句子的话题丰富多彩，可以是任何要谈的事物、时间、地点、事件、方式等，但是不管什么充当话题，在译成英文时，都要用主谓结构来表达。

例如：继续做实验利大于弊。（The advantages of experimenting further outweigh disadvantages. ），在这句中，动词或动词短语作话题，译成英语时变成名词词组。又如，今年要比去年销售更多的车辆。（This year we will sell more cars than we did last year. ），"今年"是主题，销售汽车的施动者（说话人）不言自明。说话人总是以自己为主题，提出一个话题后进行评述，但句中又不出现。在译成英语时要加上主题（主语）。再如：2016 年，房价突然暴涨。（There was a sudden soaring in housing price in 2016. ），用"there be"句型来处理。

2. 英语主谓句的汉译

英译汉时，英语主谓句转译成汉语的主题句需要注意主谓关系、句子成分间的关系、词形变化等语法问题。一般来说，原句中若有形容词，即可放在名词之后来修饰名词，就是汉语中所谓的述评句；那些带有时间或地点状语修饰的被动语态，在翻译时可将它们放在句首成为话题。

例如：An elephant has a long nose.（大象鼻子长。）译成汉语时，形容词 long 放在名词 nose 后翻译。又如：Her good work and obedience have pleased her teachers.（她学业优良，性情温顺，深得老师喜欢。）定语转换成主题语。再如：Metro Line 6 is being built in Wuhan.（武汉正在建地铁 6 号线。）地点状语放在句首成为主题。再如：Eleven o'clock saw the dramatic handshake of Roosevelt and Churchill at the gangway.（11 点时，罗斯福和丘吉尔在过道上戏剧性地握了手。）通过移位，把主语转换成状语，把宾语转换成主语。再如：The island（Madagascar）is divided into three north-south zones：a broad central plateau，which raises to an altitude of 1,400m，is flanked by tropical rain forest to the east and rolling woodland to the west.（马达加斯加岛为南北走向，大致可以分为 3 个区域：中部是辽阔的高原，海拔 1 400 米，高原的东侧是热带雨林，西侧是延绵起伏的林地。）通过移位，把主谓句"The island（Madagascar）is divided into three north-south zones"转换成主题句，其他信息作说明语，语法功能词省略。

综上所述，英语的主谓结构大部分情况下可以译为汉语的主谓结构，个别情况下可以转化成汉语的主题—评述结构，英语的主谓结构有时可以译成汉语的无主句；汉语的主谓结构可以直接翻译成英语的主谓结构，主题—评述结构转译为英语的主谓结构时，语态要根据原文的语气进行灵活处理。

（二）物称与人称

被动语态即非人称表达，是用物也就是动作的承受者来作主语，一般出现在不必说、不愿说或者无从说起实行者的行为时，起到连接上下文的作用。常见于书面语，如公文、新闻、科技论文等。这种表达法往往使叙述显得客观、公正，结构趋于严密、紧凑。Leech 和 Svartvik 指出："Formal written language often goes with an impersonal style; i. e. one in which the speaker does not refer directly to himself or his readers, but avoids the pronouns I, you, we. Some of the common features of impersonal language are passives, sentences beginning with introductory it, and abstract nouns."（正式的书面语常用非人称表达法；即说话者不直接指称自己或读者，避免使用我、你、我们等人称代词。非人称表达的语言特征是常用被动句，句子开头用形式主语 it 或抽象名词。）英语中，最普遍的被动意义的表达方式是标志性的被动结构 "subject + be + v-ed（+by）"。例如：The class will have been taught by Mr. Brown for two years by next summer. I'm not so easily deceived.

中国人的传统思维方式注重内因和主观体验，重视"事在人为"和个人感受，任何事物都是受人支配的，所以在使用语言表达思想时往往采用主动语态，说明动作的实行者。

相比英语较为单一的被动语态表现形式，汉语的被动标记就丰富些。汉语通用的被动标记是"被"，如赵元任（1979：339）说，汉语的被动标记有"被、给、叫、让"四种；稍多有六七种，如李珊说有"被、叫、让、给、为、被/让……给、为/被……所"七种。一般情况下，研究者也就是研究"被、叫、让、给"这四种常用的被动词，例如，"小张被王老师批评了"，也可以说"小张叫/让/给王老师批评了"。而且在汉语口语中，有时完全就不用被动表达结构来表达被动含义，例如："作业做好了。""车洗好了。"这种没有明显被动词的句子，同样也表达的是被动的含义。

1. 从物称到人称的转换

英语倾向物称，汉语突出人称。正式的书面英语中，常以抽象名词和物质名词作为主语。汉语多用有生命的词语作句子的主语，并比较多地使用拟人化的说法，行为主体或句子主语常常由人或以人为本的机构来担当。在英汉互译转换中，要注意两种语言的这种差异。

例 1：My good fortune has sent you to me, and we will never part. （我很幸运，能够得到你，让我们永不分离吧。）

例 2：The sight of the photo always reminds me of my childhood. [（我）一看到那张照片，便想起了我童年的情景。]

例 3：It is our firm belief that a fair comparison of quality between our products and similar articles from other sources will convince you of the reasonableness of our prices and as a result, you will be ready to accept what we quoted in our letter of March 15th, 2008. （我们可以肯定，如您能将我们的产品和其他供应者的类似品种进行公正比较，您定会相信我们的价格是合理的，并乐于接受我方 2008 年 3 月 15 日函中的报价。）

例 4：Success in China will require long term commitment and the ability to research the market thoroughly and forge relationships with the Chinese themselves. [（你）要想在中国生意成功，就需要提供长期承诺保证，并具有全面调查中国市场以及与中国人缔结友好关系的能力。]

以上四个例句中，英语原句均以"物"为句子主语，其汉译也无一例外地把句子的主语转换成了"人"。这种"物""人"之间的英汉转换，符合汉语的语言表达习惯。

例 1：这几年，中国的经济快速而健康地发展。（The recent years have witnessed a quick and healthy development in China's economy.）

例 2：特别是在销售部，人们感到，经理对员工所付出的努力并不赏识。（The perception that managers are unappreciative of staff efforts is particularly noticeable in the Sales Department.）

例 3：如果您稍稍浏览一下英国伯明翰新展览中心举行的食品饮料展的宣传册，就会随即感到：亲临会展，一定不虚此行！因为该会展吸引了英国食品饮料行业的专业人士 40,000 多名，展会内容和活动新颖独特，曾被许多参展商们誉为"2004 年度英国规模最大的食品饮料展"。（A glimpse of the brochure will make you feel that it is worth the efforts for the visit to Food & Drink Expo at the NEC, Birmingham, UK, which attracted well over 40,000 industry professionals from across the entire food and drink industry in Britain, with a variety of creative programs or activities and is embraced by many exhibitors as the UK's largest food and beverage exhibition in 2004.)

以上三个例句中，原汉语句子的主语是人，而英译中的主语变成了表示行为的名词化短语，从而实现了从汉语人称到英语物称的转换，这种"人""物"转变更合乎英语重客观、重事实的语言文化特征。

2. 英语被动句的汉译

为了使受事者作为主语的结构位置不发生变化，在动词本身不具有被动意思的情况下，翻译成汉语时就要变成被动句式，使用汉语中的"被、受到"等这些被动词语，但是一般情况下还是偏向于"被"字句来表达对受事者来说是不希望发生的事情，虽然在西方语言的影响下，相应地减少了对其他被动词的限制，但是大多情况下还是会选择"被"字句。

例 1：Last year, Chinese products were accused of dumping 663 times, ranking first in this category worldwide.（去年，中国产品被指控倾销的次数达到 663 次，居世界首位。）

例 2：Once a company is accused of an unfair low-price export practice, the company and its legal person each will be fined up to 30,000 yuan, and the investigated product will be suspended from exportation for 12 months.（一旦公司被指控参与不公平低价竞争，该公司及其法人代表都会被处以 3 万元的罚款，查处的产品停止出口 12 个月。）

英语的被动句在译成汉语时，不一定要有被动标记，也可用主动语态。

例 1：Our house was built in 1969.（我们家的房子建于 1969 年。）

例 2：Hundreds of people get killed every year by traffic on the roads.（每年都有几百人死于道路交通事故。）

例 3：Visitors are requested not to touch the exhibits. （观众请勿触摸展品。）

例 4：A new way of displaying time has been given by electronics. （电子技术提供了一种新的显示时间的方法。）

例 5：The USA is reputed to be a classless society. There is certainly not much social snobbery or job snobbery. （人们普遍认为美国是个没有阶级的社会。的确，在社会地位或工作问题上，美国人没有多少势利的看法。）

用抽象名词或无生命的事物名词作主语，同时又使用本来表示人的动作或行为的动词做谓语的句子，在翻译成汉语的时候可采用"受事 + 动词"的格式，原文的主语不变，因为汉语动词的主动形式已经暗含了被动意义。

例 1：Chinese financial stability was confronted with 10 challenges. （中国金融业的稳定面临十大挑战。）

例 2：Traditionally，foreign investment in China has been concentrated in the manufacturing sector，which accounts for 70 percent of total foreign investment. （传统上来说，中国的外商投资主要集中于制造业，占外商总投资额的70%。）

例 3：The thresholds for entering these sectors have been considerably lowered. （进入这些产业的门槛相对降低了。）

3. 汉语被动句的英译

在汉语被动句的英译过程中，由于两种语言的特点和思维方式的不同，在汉译英的过程中就要采取不同的翻译方法，基于英语被动句普遍存在，广泛程度高于汉语，在翻译时可以直接将汉语的被动翻译为英语的被动结构，同样也符合英语的语言表达习惯。

例 1：他的公司偷税漏税被罚了。（His company was fined for taxe-vasion.）

例 2：含有小块药物残渣的上清液被吸出。（The supernatant containing fine debris was discarded.）

对于那些无标识被动句，它们形式为主动，但意义是被动，因而，首先要细心辨认主语和谓语的关系，确定为无标识被动句后，用英语被动句加以翻译。

（三）语序对比

就同一客观事物来看，不同民族的不同思维方式导致其不同的语言表达顺序，汉语和英语的主谓宾位置相同，但定语和状语的位置不尽相同。

从句法结构来说，汉语是头重脚轻型，英语是头轻脚重型。句法结构上的重量（weight）指的是构句部件在语言线性序列上组合排列的趋势，重量趋前的为前端重量，重量趋后的为后端重量。英语衡量句子结构标准往往与汉语不同，英语句式中避免出现头重脚轻的情况，所以句首呈收缩式，但是汉语中的句首是呈开放性。为使末端重量得以实现，英语利用多种句法手段来减轻句首可能出现的重量，使重部件后移至句尾。如将修饰语后置：停在车站外的小轿车（the car standing outside the station）；使用先行词 it 替代分句式主语：现在懒人谋生越来越难了。（It's getting harder for a lazy man to make a living.）

1. 英汉定语的位置与翻译

当定语出现在修饰词前面即所说的前置定语时就与汉语相同，相反后置定语就不同于汉语词序。因此，翻译定语时要根据各自特点作相应调整。

例1：Doctors have an amount of drugs available.（医生都备有各种各样的药物。）

例2：Full details are in the table above.（详细信息请见上文表格。）

例3：Downtown's only four-diamond convention hotel, the Omni Los Angeles Hotel features luxurious accommodations and modern conveniences that suit the needs of business and leisure travelers alike.（作为市中心唯

一的四钻会展酒店，欧姆尼洛杉矶酒店豪华的膳宿条件和现代化的设施，能满足商务和休闲旅客的需求。）

例4：我们要用一切可能的方法来提高销售量。（We must increase sales in every way possible.）

例5：欧洲去年的销售量出现有史以来最大的降幅。（Europe witnessed the biggest ever drop in exports last year.）

例6：英国是第一个承认中华人民共和国的西方大国。（Britain was the first western power to recognize the People's Republic of China.）

2. 英汉状语的位置与翻译

修饰动词、形容词、副词以及全句的句子成分，叫作状语。汉语状语通常在谓语之前，主语之后，而英语状语常位于句末，但并不排除句首和句中，当汉语中状语后置时，这些状语多表达时间和地点，而且多出现在简单句中。英语状语排序是：方式状语—地点状语—时间状语；而汉语状语的排序通常是：时间状语—地点状语—方式状语。英汉互译时有时需要对状语的位置做相应的调整。

例1：He speaks the language badly, but reads it well. （这种语言，他讲得不好，但阅读力很强。）

例2：Two events took place at the airport last night. （昨晚飞机场发生了两件事。）

例3：They reached home at five o'clock in the evening. （他们于傍晚5时到家。）

例4：He asked me a lot of questions after taking my name and address. （他把我的姓名和住址记下后，还问了我很多问题。）

例5：她每天在室外高声朗读。（She reads aloud in the open in the morning.）

例6：我苦干了好几个月。（I worked hard for months.）

3. 树形结构与竹形结构

复句是由两个或更多的单句结构复合而成的，充当复句成分的单句结构叫分句，分句与分句之间一般有明显的句内停顿，书面上用逗号或分号。汉英语都有复杂句，但它们在结构关系上呈现出显著的差异。

西方人的思维方式是焦点式思维，由一到多，注重形式分析和规则制约，因此英语句子像参天大树，枝叶横生。英语的句子有一个基本的主干，即主谓一致。在主干的基础上添加其他分支，句子的扩展或复杂化都不改变句子的基本主干，而是通过把单词替换为短语、从句或在从句内再套从句等方式来实现。为了保证句子结构严谨的逻辑性，达到"形合"状态，就要运用恰当的连接词来连接上下文。这种"形合"是哲学和形式逻辑思维的自然选择。简言之，英语是通过使用大量的关系词、连接词和引导词等连接起来的结构清楚、层次分明、逻辑严密的"形态语"。

而中国人的思维方式是散点式思维，多归一思想，讲究整体的和谐性。其句子的构造方式像竹子一样一节一节拔起来。竹节可多可少，是开放式的，以遵循事物的发展逻辑来安排句式，从而达到完整地表达句子的目的，相比而言，各成分之间很少使用连接词，表达句子含义主要通过语境或语义的联系，很大程度上依赖上下文来体现内涵逻辑，此谓"意合"（parataxis）。与英语相比，汉语中意合复句占一半之多，突出地表现了汉语意合的本质特征，但英语的复句只能是形合复句。

英语句子大多冗长繁杂，句子里面有从句，从句中套从句的现象随处可见。在翻译英语长句的过程中，关键是要找出句子主干，然后根据汉语的表达方式进行相应调整。

例1：One path actively being explored is the parallel processing computer, which uses many chips to perform several different tasks at the same time. （科学家们正在积极探索的一个路径为并行处理计算机，这种计算机利用多个芯片同时执行几个不同的任务。）

此句翻译时按顺序翻译，将定语从句译成一个独立的句子，置于主句后，保持原文的顺序。

例 2：Behaviorists suggest that the child who is raised in an environment where there are many stimuli which develop his or her capacity for appropriate responses will experience greater intellectual development. （行为主义者认为，如果儿童的成长环境里有许多刺激因素，这些因素又有利于其适当反应能力的发展，那么，儿童的智力就会发展到较高水平。）

在翻译时，先找出句子中的主语和谓语，再找出句子的宾语。进一步识别修饰语和被修饰语，进而判断各成分间的内在联系，厘清各层次间的相互逻辑关系。句子的主谓是 Behaviorists suggest，宾语是 that 从句，因为宾语太长，一口气说不完，所以就在谓语后停顿。宾语从句里的主干是 "the child will experience greater intellectual development"，the child 后面又带了修饰语，这些修饰语要另起句子翻译。

汉语主张简约，句子常精炼短小，句子之间往往不用连词而用逗号连接。在英译时，要将分句间的逻辑关系由隐化显，用连词连接起来。

例 3：我们积极推进全面深化改革，供给侧结构性改革迈出重要步伐，国防和军队改革取得重大突破，各领域具有四梁八柱性质的改革主体框架已经基本确立。（习近平 2017 年新年贺词）（We vigorously pushed forward the comprehensive deepening of reform, made important steps in terms of supply-side structural reform achieved remarkable breakthroughs in the reform of national defense and the military, and the main frame of reform in all fields with "multiple pillars" has been established.）汉语原文是几个主谓宾结构的句子，句与句之间用逗号连接。译成英文时，把它们分成两个并列分句，用连词 and 连接。前一个并列分句由一个主语，三个并列谓语构成，后一个分句只有一个主语和谓语。

三、英汉语篇比较与翻译

由于历史和文化方面的原因，中西方有各自不同的思维方式，反映在英汉两种语言上，表现为谋篇布局、层次安排、遣词造句以及脉络贯通上明显的差异。中西方思维差异造成了汉语和英语在语篇结构方面的差异，主要表现在衔接与连贯、段落结构和篇章结构的组织、开头和结尾三个方面。

（一）英汉语篇衔接手段对比与翻译

英语是一种形合的语言，要通过照应、替代、省略、连接词语及词汇衔接等语法和词汇手段来保持衔接与连贯；而汉语是一种意合的语言，主要靠语义来取得语篇的衔接与连贯，很少使用连接词。一般来说，汉语意合语言的特点使得表示逻辑关系的关联词经常被省略，从而使句子显得简短。在汉语中经常有以散句、松句、流水句等小句构成的并列复句（相当于英语中的并列句）和偏正复句（相当于英语中含状语从句的复句）。但严格来说，没有像英语那样的主语从句、定语从句、同位语从句、表语从句、非限定动词等语法概念。

"衔接存在于篇章内部，使之成为语篇的意义关系。"（Halliday and Hasan，1976）Halliday 和 Hasan 认为衔接之所以能使一段话成为语篇，就在于通过语法和词汇等手段，把结构上彼此毫无联系的句子黏在一起。衔接手段可分为五大类：照应（reference）、替代（substitution）、省略（ellipsis）、连接词语（conjunction）及词汇衔接（lexical cohesion）。以下分述前三类。

1. 照应

照应指用代词等语法手段来表示语义关系，通过照应别的词项来说明信息。Halliday 和 Hasan 将英语中的照应分为人称照应（personal reference）、指示照应（demonstrative reference）和比较照应（comparative reference）。

人称照应是通过人称代词（personal pronoun）（如 I、she、them 等）、所属限定词（possessive determiner）（如 your、his 等）和所属代词（possessive pronoun）（如 mine、theirs 等）来实现的。

例 1：Thank you for your letter of May 2016. We are disappointed to hear that our price for Flame cigarette lighters is too high for you to work on. You mention that Japanese goods are being offered to you at a price approximately 10% lower than that quoted by US. （2016 年 5 月来函收到，不胜感激。得知贵公司认为火焰牌打火机价格过高，无利可图，本公司极感遗憾。来函又提及日本同类货品报价较其低近 10%。）

这是一个商务信函的开头，在译成汉语时，第一句话没有机械地直译人称代词 you 和 your，而是按照汉语公函的习惯略掉了人称。第二句没有把 you 译成"你"，把 we 译成"我们"，而是"贵公司""本公司"。第三句根据需要省略了人称代词。

例 2：湖北武汉永远是我的故乡，虽然我不在那里生长，但她是我的父母之乡！（Wuhan of Hubei Province will always be my hometown. Though I was brought up elsewhere, Wuhan is nonetheless the land of my ancestors！）

指示照应指说话人通过指明事物在时间和空间上的远近来确定所指对象。在英语中主要由 this 和 that、these 和 those 等选择性名词性指示词，定冠词 the，以及指示性副词 here 和 there、now 和 then 来体现。在指示照应中，选择性名词性指示词和指示性副词所实现的照应，汉英用法差异不大，但英语可用定冠词实现照应，汉语无定冠词 the 或相当于定冠词 the 的指示词。the 本身没有词义，但当它与其他词语连用时，便有了指定作用，可以对应汉语的"这"或"那"。在指称功能上，指称别人说的话或提到的事情时，英语一般用 that，而汉语倾向于使用"这"。

例 3：This is our chance to answer that call. This is our moment. （2012 年奥巴马胜选演说）（这是我们给出答案的机会，这是我们的时刻。）

例 4：To be or not to be：that is a question. （Shakespeare, Hamlet）（生存还是死亡，这是个问题。）

例 5：杰克跟我说，他把那个合同寄给东风公司了。（Jack told me that he had sent the contract to Dongfeng Motor Corporation.）

比较照应指通过形容词或副词的比较级形式，以及其他一些有比较意义的词语（same、so、as、equal、such、similarly、differently、other、otherwise、likewise 等）来表示照应关系。

例 6：America, we have come so far. We have seen so much. But there is so much more to do.（2012 年奥巴马胜选演说）（美国，我们风雨兼程，一路走来。我们经历太多，但前方仍有许多梦想等待着我们去实现。）这段文字里有三个 so，但译成汉语时却用了不同的词，语言极具感染力。

2. 替代

英语中替代分为三类，即名词性替代（one、ones）、代词性替代（same、some、other）、动词性替代（do）和分句性替代（so、not）。

名词性替代指用替代词取代名词短语或名词短语中心词的现象，常用的替代词是 one 及其复数形式 ones，此外还有 the same 等。汉语通过"的"字结构或采用重复有关词语或省略的方式来表示替代。

例 1：She prefers the big apple to the small one.（她喜欢大苹果而不是那个小的。）

例 2：如果错过了这趟高铁，我就乘下一趟。（If I miss this high-speed rail, I'll catch the next one.）

动词性替代指用替代成分取代动词短语，常用替代词有 do、does、did。汉语里往往采取重复有关词语或省略的方式建立衔接关系。

例：我以为校长昨天不会出席会议，但他来了。（I thought the president wouldn't attend yesterday's meeting, but he did.）

分句性替代指的是用替代词指称上文出现的名词性分句表达的意义，常用的替代词是 so 和 not，分别替代肯定性陈述和否定性陈述。相应地，汉语用"这样/么""那样/么""不然"等来替代分句；有时也用词汇重复、省略等方式。

例：—Do you think it's going to rain tomorrow? ——Yes, I think so.（——你认为明天会下雨吗？——我想会的。）

3. 省略

省略是指把语篇中某个或某些成分省略不提，被省略的成分能从上下文找到。运用省略可避免重复，使语篇更加紧凑。省略也可分为名词性省略、动词性省略和分句性省略。

例：There was a special sort of rightness about Father's things, in our eyes, and we had a special respect for them because they are Father's. (Clarence Day：Life with Father)（在我们的心目中，父亲的东西有一股特殊的正气，我们对它们怀有特殊的敬意，因为它们是父亲的。）

不同的衔接手段，意味着在英汉互译时须进行相应的策略转化，才能使译文尽量符合译入语读者的思维方式和行文习惯。

（二）英汉语篇翻译

语篇（text）是指实际使用的语言单位，是一次交际过程中的一系列连续的话段或句子所构成的语言整体。在合乎语法、语义和语用连贯的基础上，可以用对话形式或独白，也可以用书面语或口语任一表达形式。换言之，语篇不是互不相关的句子的简单组合，而是一个语义上的统一体，通过各种衔接手段将一些意义相联系的句子有机地结合起来。语篇既指篇章，也指话语。

Kaplan 指出，"英语篇章的组织和发展是直线型"，即直截了当地陈述主题，进行论述；汉语文章呈"螺旋形"，即不直接切入主题，而是在主题外围"兜圈子"或"旁敲侧击"，最后进入主题。这一观点在一定程度上反映出汉语语篇在谋篇布局上喜好"婉曲"，而英语喜好"直抒胸臆"的特点。

在表达多层逻辑思维时，英语往往是判断或结论等在前，事实或描写在后，所以在阅读时可以忽略后面的文字。汉语则是由因到果、由假设到推论、由事实到结论，即重心在后，阅读时需通读全文。

英汉语篇章互译时既要考虑到两者在布局谋篇上的特点，也要考虑到两者在句法上的差异。

例：Los Glaciers or Glaciers National Park is home to some of the world's most awe-inspiring natural wonders. Located in the Santa Cruz Province of the vast Patagonia region, the glaciers are in the southern section of the park, while the northern section features majestic mountains such as Mount Fitz Roy, offering hiking and mountain climbing. （洛斯冰川国家公园位于广阔的巴塔哥尼亚地区圣克鲁兹省。其中冰山主要集中在公园南部，而许多高山如菲茨罗伊峰位于公园北部地区，供游客远足与攀登。它是世界上最神奇的自然景观之一。）

原文开门见山，先对冰川国家公园进行总述，然后分述。译文则先分述冰川国家公园的情况，再进行总结，调整了原文结构，这符合我国读者的阅读理解习惯。

总之，在语篇层面，开展一个话题时，西方人与中国人所采用的方法就不相同，英语偏向于先总再分，而汉语则是先分再总，所以译者首先要清楚读者的语言和文化习惯，适当地改写译文结构，但是不能违背原文的整体意思。同时，还要根据英语的"树形"结构特征和汉语的"竹形"结构特征在句子结构上进行恰当转换。

第三节　应用翻译理论的宏观与微观研究

从某种意义上来讲，文学翻译的语境是历时的，甚至是虚拟的；而应用创意翻译的语境则是现时的、实在的。长期以来，翻译的语境研究更多探讨的是围绕源语和译语文本的"语境"，而非围绕目标受众和实现理想传播交际效果的现实语境。

语境，指的是语言交际者在进行互相交际时，能够对语言交际者的交际行为及过程产生影响的所有主观因素和客观因素。比如说，言语使用者的思想意识、性格特点、职业修养、人生经历、兴趣爱好、心情处境、情感认识等都是影响交际的主观因素。社会条件、自然环境、人们交际的具体时间、详细地点、周围环境、交际事项等，所有这些不以人的思想意识为转移的客观存在，都是影响交际的客观因素。说到语境，就必然会涉及语境理论。那么什么是语境理论呢？笔者认为，所谓的语境理论，就是所有关于语境研究理论知识，将这些知识综合在一起，成为韩礼德（Holliday）系统功能语言学的一项重要内容，对语境的研究和发展意义重大。马林诺夫斯基（Malinowski）把语境分为三类，话语语境（Context of Utterance）指字、词、句、段等的前后可以帮助确定其意义的上下文；情景语境（Context of Situation）指语篇产生的环境；文化语境（Context of Culture）指某种语言赖以植根的民族里人们的思想和行为准则总和。韩礼德把语境分为两类：语言语境和非语言语境。前者包括篇内语境（Intratextual Context）和篇际语境（Intertextual Context），篇内语境主要指语篇内部结构之间在语义上的连贯性和黏合性；篇际语境主要指上语篇与下语篇之间在语义上的连贯性和黏合性。情景语境和文化语境分别是非语言语境的两项重点内容。所谓的篇内语境就是我们通常所说的微观语境，篇际语境在日常教学过程中也被称作宏观语境。微观语境指词、短语、句子、语段或篇章之间前后关系，是语言内部诸要素相互结合、相互制约而形成的语境。宏观语境是指使用某个语言项目时的广阔的社会背景，即与语言交际有关的语言外部诸要素相互结合、相互制约而形成的语境。

一、翻译语境

翻译语境最早由美国人类学家及圣经翻译家肖（Shaw）在《翻译语境：翻译中的文化因素》（*The Translation Context：Cultural Factors in Translation*）一文中提出，指译者在翻译过程中构建起来的两种文化相关的主客观因素互动的总和，这其中包括四个关键因素：译者、原作语境、译语语境、互动。刘宓庆教授也曾提出"译必适境"的观点。

彭利元把肖的翻译语境概念引入国内，并试图结合文化学派和功能学派的翻译语境观，计划按照自己的认识和观点，重新修正了翻译语境的概念。他认为翻译语境应当是译者在翻译过程中，一切与两种语言文化相关的主观因素和客观因素互动的总称。根据实际情况看，重点包括翻译者本人、原作所运用的语境、译语语境、译语与原作互动四方面因素，分析了翻译语境的基本内涵和四大基本层次（即语言、言语、情景、文化），并从语境层次动态演变不同步特点入手，提出"语境球体"假说和"翻译语境球体"构想，构建了翻译语境时空距离经纬网。认为语境系统整体是以语言为内球体，以言语、情景、文化为环绕语言的外球体的多层次球体形态；认知贯穿始终，沿着时间和空间两种不同维度，推动语境系统球体以语言为中心，沿着时间轨迹，做滚雪球式的运动，周而复始，雪球越滚越大。翻译语境是两个不同语境球体的碰撞与交融，是在源语与目的语两个不同语境球体的互动中构建。从宏观和整体视角看，翻译语境也是球体形态。

　　双语翻译在理解方式上和一般语言有着共同之处，两者都把语境系统球体作为出发点，按照特定的言语形式进行交流和对话；原作在跨文化语境中不断产生语境变化，加快了翻译的构建过程；翻译之所以发生动态变化，根源在于语境出现了时空差异。由于语境既包括语言因素，也包括非语言因素，特别是情景因素，所以又可将语境特征视为二元化。三元化包括：从物理语境可以估计到的；从过去说过的话语里可以查到的；从共享知识或者背景知识里可以选择的。语境特征可以采取一分为二，二分为三的形式进行细化和分解，从而保障了我们能够更完整、更细致地阐述语境系统。因此，一些国外学者根据语境的构成因素，针对语境知识和意识之间的相互作用，把语境划分为七个类型，分别是作者、语言知识、世界知识、体裁、集体知识、特定知识和语篇因素。"寻求两种语言的语篇在同一整体情景中具有相同的意义和功能"。实际仍然是翻译的"对应"或"忠实"原则置于一个相对静态的"语境"中的应用。

二、应用翻译的宏观、中观、微观文化语境

应用创意翻译关注的不仅是"原文在跨文化语境中不断语境化的意义构建",更关注如何"精确掌握信息发出者或委托人在目标市场及目标受众中所要实现的信息传播目标、达到的信息传播效果",而信息发出者或委托人的这些"意图"并不一定蕴含在原文里,甚至信息发出者或委托人的"意图"需要译者基于对目标市场语境和受众文化特点的精深了解,通过科学调研获取的语境各要素间互动与关系的认知,使信息发出者或委托人的"意图"明朗化、清晰化、具体化。应用创意翻译语境即文化语境。只不过国际营销传播学对这个跨文化语境的研究理论与实际联系更加密切。

在我们生活的物质环境中,文化同样起着决定性作用,对于我们如何正确地树立世界观、人生观和价值观都有较大影响,可见文化在我们工作和生活中的重要性。对于以上论述,刘宓庆教授也提出了自己的观点,他认为,与以前有关专家和学者相比,这个关于文化内涵的论述虽然解释更形象、更具体,内容更丰富,但是并没有明确指出文化本身特有的综合性特征,对于正处在研究过程中的文化,我们在翻译时必须充分体现该文化所涉及的语言特点和文化行为,特别是这种文化所特有的生理行为、语言行为、个体和集体的心理行为,更要引起高度重视,把握好语言的逻辑性和准确性,防止把文化翻译的主要任务当作单纯的翻译文化,在进行文化翻译时必须多方面融入丰富的文化因素。

科学技术的飞速发展进一步加快了经济发展的全球化进程,扩大了对翻译的理论研究范围,已经延伸到以前很少涉及的经济领域范畴和营销领域,很多专门从事翻译理论研究的专家、学者越来越关注这两个领域发展态势,把理论研究的主要精力放在与经济发展和市场营销相关的学科,促使这两个领域在翻译的理论研究方面取得了更多成果。因此,要想深入研究翻译学,我们必须适应形势发展的需要,不

仅要尊重历史，更要面对现实，在自然科学的研究成果中汲取养分，在现代人文科学的研究中获得灵感。著名德国翻译理论家莎芙娜在其编辑的专集《翻译的文化功能》（*Cultural Functions of Translation*）中提出："一些相关学科的理论与方法，如心理学、文化人类学、传播学，应借鉴来解释翻译学的复杂现状。"应用创意翻译的"文化因素"概念得到市场营销宏观和微观环境理论、行为经济学理论的印证、支持和进一步细化，运用现代理念和方法把传统翻译理论中关于"文化因素"的解释灵活地翻译过来，特别是对于那些跨文化的营销翻译实践，更要采取科学的方法深入搞好调查研究，全面了解这类营销翻译当时所处的社会环境和文化背景，以便精准把握好定性和定量的可操作性翻译标准，确保翻译内容充分蕴含各类文化信息。

第二次世界大战结束以后，在市场经济和社会发展的共同影响下，一些专家和学者充分借鉴人文科学和自然科学取得的研究成果，集中精力深入研究营销学和跨文化传播学，进一步加快了这两个领域的发展速度。随着社会的进步和经济的发展，翻译理论研究者对翻译"文化因素"的研究更加具体、深刻，把营销传播学在市场和消费者方面的研究成果进行了高度总结，认为每项研究成果都包括宏观、中观和微观三种环境构成要素，普遍采用定性和定量的方法来研究社会学、传播学。应用创意翻译实践，如外宣翻译、旅游翻译涉及形象推广、产品促销、文化宣介等功能类文本，是名实相符的跨文化营销传播实践。市场全球化的今天，区域集团营销、国家营销、城市营销、企业营销等对于翻译的依赖程度之高前所未有，应用创意翻译其跨文化营销传播本质毋庸置疑。

实践证明，跨文化营销传播学是现代营销学和跨文化传播学有机组合，是一门新兴的现代学科。该学科不仅详细论述了宏观环境构成要素，深入分析和研究了以个人和组织行为为重点的微观市场环境构成要素，而且指明了面临经济全球化的形势，如何在翻译研究上充分挖掘"文化因素"的内涵、怎么在社会实践中扩大"文化因素"内涵的影响力。同时，根据翻译文本所特有的动态性特点，面对翻译消费群体的文化行为具有差异性的现实情况，明确提出了制定翻译标准不能总是保持一成不变，必须采取定性、定量的方法对翻译标准实行动态化管理，确保翻译标准具有较强的目的性、描述性和操作性。

整合营销传播理念指导下的文化因素研究就是要在纷繁复杂的市场环境诸要素中发现可借助的天时、地利、人和的机遇，产品和服务与消费者文化需求之间的最佳契合点。

应用创意翻译实践更多的是组织行为。企事业机构控制好自身职责范围内的各种环境因素，根据对各种环境的控制程度搞好市场环境划分。一般来讲，因为政治、经济、社会、文化、技术等各方面因素都事关企事业单位能否顺利开展工作，所以这些企事业单位必须学会因势利导，充分利用好这些因素。同时，要灵活调控好人力、物力、财力、经营方法和目标等自身的经营环境。只有这样，企业经过长期努力才能进一步优化使用各种环境因素，在正确的道路上得以顺利和长远发展。

（一）应用翻译的宏观外部环境

1. 经济因素

经济因素是企事业机构面对的外部宏观环境诸因素中的首要因素。实际收入的变化、个人财产的变化、消费结构的变化、储蓄借贷结构的变化都直接影响市场的景气度。经济衰退对各行业的影响是极为明显的。市场对资金的需求影响利率的变化，同时影响消费者消费和投资趋向的变化。在经济处于不景气的情况下，即便经营机构通过营销传播向潜在的消费者提供的产品价格再优惠，他们也会一反常态，无动于衷。

2. 社会文化因素

社会文化因素包括主流文化的持续，亚文化的存在，外来文化的介入，人与他人、社会、自然等关系调整，这些因素同样可以影响企事业机构营销传播活动的成败。近年来，人们对生态环境保护意识的提高使生态产业异军突起。国际交往的增加、电视、电影、网络等大众传播媒介对外国社会文化的介绍，使得越来越多的人对发生在地球村的人与事都抱有极大兴致，人员交流、物资交流、信息交流规模前所未有。

3. 政治和法律因素

这一因素在一定的条件当中具有突出的行业限制作用。规范经营的立法、行业规则调控、消费组织影响、社会责任的强调都会为企事业机构带来机遇和挑战。

4. 技术因素

技术因素从整体上说对于经营机构的发展发挥了极为巨大的推进作用。手机的普及大大便利了促销活动的机动性、时效性；互联网的迅速建立和发展提供了产品信息服务和购买的便利；交通工具的现代化使国际间产品交流、人员来往更安全、迅速、舒适。文化产业利用现代高科技开发的现代产品，迪斯尼世界、梦工厂产品成为新兴产业发展的新增长点。

5. 人口统计因素

营销传播特别关注人口统计环境的变化，这其中涉及人口规模、密度、地理分布、性别结构、种族构成、年龄结构、家庭结构、受教育程度、人口迁移、城市化、职业和可支配收入等统计指标，进而制定符合市场人口需求和发展变化的营销传播策略，促进消费及沟通。

6. 自然环境因素

营销传播与目标市场的自然环境关系极为密切。环境污染的加剧、特定自然资源的枯竭、政府对资源与环境管理的强化、能源价格的提高等导致资源供需、企业发展、投资结构、产业布局、生活方式、国家关系等发生重大变化。

(二) 应用翻译的中观经营环境

营销传播的经营环境有经营目标、企业经营的财力和人力以及竞争关系等。

1. 竞争因素

企业竞争是企业运作以及形成一定的营销战略的直接因素。它导致竞争对手的增减、竞争策略改变、新的销售促进活动的开展、销售人员的扩充、产品定位的调整、竞争规模和方式的变化等。因此营销传播专家极为关注市场竞争对手的一举一动，随时准备采取相应对策。

2. 管理目标

企事业机构的经营管理目标应该是相对稳定的，在市场拓展和营销管理过程中它可以保证、约束经营管理人员为实现其事业机构既定的目标而制定相应的营销传播策略。企事业机构的经营管理目标通常以形象美誉度、名称知晓率、理念接受率、消费者满意度、利润指标、销售进度以及市场占有份额等来进行明确。可以说，企事业单位的一些发展当中的问题以及重大的经营策略的解决和制定都离不开经营管理的目标。

3. 人力财力资源

企事业单位的财力水平和人力水平分成了软件以及硬件两项企业环境。这当中的硬件环境指的是资金实力、经营场馆以及交通工具和服务设施等方面，硬件环境对企事业单位产品的提供限度以及提供内容进行了限定，影响其广度和深度。企事业机构的"硬件"环境可以改变，但这种改变是在有巨额的资金在较短的时间内进行投入的结果。软件环境指的是人力资源比如服务、翻译以及营销和技术人员，还有管理者等。同时产品关联人员的能力以及企事业单位的有效服务也是软件环境当中的一部分。总的来说软硬件环境对企事业单位的市场竞争力有着十分重要的影响。

4. 市场细分与定位

企事业机构在充分评估外部环境和机构内部环境诸要素后，依据市场各种符合营销特定产品或服务的特点、机遇进行市场的细分，确定目标市场的选择。

　　地理区域划分：将目标市场划分为不同的地理单元，如大洲、区域经济体、国家、地区、省、市、行政区、社区等。

　　人口统计划分：依据营销调研得出的人口统计变量，如年龄、性别、收入、职业、受教育情况、家庭生命周期、宗教信仰、风俗习惯等划分为符合营销特定产品或服务的目标群体。

　　心理细分：依据消费者的追求动机、社会归属、生活方式、个性特征等划分为符合营销特定产品或服务的目标群体。

　　行为细分：依据消费者的知识、态度、产品或品牌使用情况，以及对产品或服务的反映划分为符合营销特定产品或服务的目标群体。

　　企事业机构的营销传播具有目的性极强、针对性突出、竞争性明显的特点。为了获取最好的营销传播效果、竞争优势和社会效益，国际著名营利和非营利机构多采用以下四种定位方式进行产品或服务的传播和品牌形象推广：

　　（1）产品/服务特色定位。名牌产品能够很大程度上吸引客户的原因是其产品本身具有极大的自身特色。在翻译时，就需要通过结合产品特色和购买客户个人自荐的利益结合起来，以此来吸引客户购买。当然，这两者之间的结合既能够结合主要的方面，也能够进行单方面结合。

　　（2）象征形象定位。有一些产品或者服务从其本身的角度来说相差不大，这就要求在营销时注重突出的重点。关键是要将其自身和环境之间的相关情调进行联系和突出。

　　（3）直接竞争定位。市场竞争十分激烈，这就要求产品或者服务在开拓市场的道路上不仅仅只依靠自身的特色，还需要通过对比和市场当中的竞争产品进行竞争，要带给消费者本产品综合实力突出的营销效果。这样一来，就能够确立起自身的品牌形象，使这一品牌成为某一行业顶尖产品的代名词。

　　（4）重新定位。某种程度上，经营环境中的各种因素处于企事业机构的半调控之中。管理者可以根据企事业内部需要和外部环境的改变调控经营环境中的某些因素。管理者的行为可改变企事业机构的经营管理目标，可实现企事业在较长时期内效益和"软实力"的增长。企事业的人力财力增长可通过改变经营管理目标、招收新雇员、寻求新的投资、建设新设施等方式实现。上述做法难以保证企事业机构在短时期内获得较大的收益，但可以在较长的时间内实现人力、财力、竞争态势的变化。在市场竞争当中，企事业单位需要通过一定的策略对市场竞争的形势产生一定的影响或改变。虽然在发展的过程当中企事业单位能够对其经营的市场环境进行一定的改善，然而这是一个长期的过程，且由于企事业单位的营销人员进行的是有战略的传播手段，这就很容易使得在企事业单位的管理当中出现一定的短期行为。

在企业参与市场竞争的过程中，假如其管理人员忽略或者并不重视环境因素的影响，这就会使得企事业单位面临一定的危机。

（三）应用翻译的受众与消费者微观语境

任何机构，无论是事业，还是企业，都为满足公众或消费者日益增长的物质和文化需求而建立、发展。公众或消费者从企事业机构当中得到了一定的物质条件以及精神文化消费内容。文化需求是人类在满足了基本生存之后的高层次追求。

1. 心理因素动机

消费者在进行消费时通常都带有各自的消费需求、消费动机以及消费出发点和目的。在马斯洛的需求理论当中就将人的需求分成了生理需求和心理需求。美国心理学家马斯洛（A. H. Maslow）的需求理论具体分为生理需求、安全需求、爱的需求以及尊重和自我实现需求五类。

（1）生理需求：生理需求的基本内容是人在生存当中必不可少的物质资料如食物、水、睡眠以及空气和性等。他认为"在一切需要之中生理需要是最优先的。"在衣、食尚不温饱的情况下，人很难会有写诗、作画的激情与行为。"吃饱了撑的"从另一个角度说明吃的问题解决之后人们又提出了更高层次的要求，实现更高层次的需要。

（2）安全需求：安全需求的具体内容是在人的日常工作以及生活当中的保护、安定、秩序、安全、和平以及治安和规避风险等方面的需求。处于动乱中的人食无味、寝难安，其他方面的需求实现更是无从谈起。很多到海外的人在异域听到自己熟悉的语言、见到熟悉的酒店联号、熟悉的环境标志等都会有一种放松感、安全感。在这种条件下欣赏那些以前还陌生的事物就会显得轻松自然。环境保护与争取世界和平成为全人类共同奋斗的目标正是由于人类有着对安全的共同需要。

（3）爱的需求：爱的需求具体指的是接纳、爱和被爱、社会交往以及归属和团体成员等。人类的群体性极强。爱、情感、归属需要使人去寻找朋友、情人、爱人，建立家庭，参加社会团体。爱的需要包括爱别人和接受别人的爱。一旦个人的爱遭到别人的拒绝，或拒绝别人的爱的时候都不是一个能够使自己轻易摆脱出来的事情。

（4）尊重的需求：尊重需求指的是获得重视、头衔、希望得到尊重以及希望得到地位和荣誉等。社会上所有正常的人都希望自己有稳定的、牢固的地位，希望别人的高度评价，需要自尊、自重，或为他人所尊重。

（5）自我实现的需求：简单地说就是希望自己能够变成理想中的人，并且能够做到符合自己能力的事。

与消费行为相关的心理因素还包括认知、习得、信念等。这些要素与翻译、促销的关系、现实意义在以下相关的章节中将分别进行探讨。

2. 社会因素

企事业机构营销活动的有效策划与实施有赖于对消费者或公众行为的深刻认知。有很多的因素能够对消费者接收到企事业单位的营销信息产生影响，并进而影响到消费者的购买行为，这些因素主要是社会阶层、团体以及家庭和文化等方面的。

人们生活在这个世界上就一定会与周围形形色色的人进行交往。由于共同的需求和个人的目的，人们需要这种相互的交往。朋友交往是因为他们有共同的志趣；同事一同出游是因为大家情投意合。人们之间的这种交往直接影响人们的消费行为和其他方面的作为。换言之，消费者的行为必然受他们周围人与环境的影响。企事业机构的营销翻译人员对影响消费者的外部环境作为有限，但营销翻译人员如对这些外部因素不加关注，那么这些因素必然会对经营机构的营销传播结果产生不同程度的影响。企事业机构的营销传播人员只有在充分了解社会因素对消费者消费行为，或公众文化、价值取向影响的情况下才能有效避免信息传播过程中可能存在的屏障，发现有利的营销传播的机遇。

3. 参照团体影响

（1）参照团体。参照团体有多种类别，分为政治团体、职业团体、政党团体以及经济团体和专业团体等。公众的消费行为受到参照团体的影响很大。消费者有的本身就处于某一个团体当中，有的则是想要参与到某一个团体，这也就决定了他的消费行为会不自觉地向这一团体的消费行为靠拢。

（2）参照团体行为的产生。消费者遇到消费困惑需要建议时往往会咨询他人。一位准备到澳大利亚度假的消费者在选择提供澳大利亚包价旅游的服务机构时，他一定要向去过澳大利亚旅行的朋友或同事询问有关旅行社及其服务等方面的情况。然后根据这一团体的消费行为来得到相关的信息。需要注意的是，只有当消费者的购买行为能够对团体以及个人之间产生一定的影响时，团体的消费行为和消费信息才能够进行作用的发挥。如那位想去澳大利亚的消费者在向朋友或同事征询意见时，那位消费者非常看重朋友或同事的意见，因此最后选择的服务机构极有可能是他的朋友或同事推荐的或是他认为他的团体会赞同的旅游服务机构。当购买行为有误且对社会营销很大的时候，就是团体消费行为的作用时期。

（3）参照团体的特点。参照团体正式或者非正式皆可，也并不要求实际存在，同时在态度上也并没有明确要求是积极团体。

在正式的团体当中，通常具有明确的组织活动以及结构，如中国广告协会、中国翻译协会等。我们能够通过团体的章程来对这一团体的主旨以及性质等信息进行了解。在非正式的团体当中，就没有明确的章程和组织活动安排等。非正式团体往往都是由人们在日常的交往当中因利益的驱动并产生一定的共识而形成的，通常有邻居以及同学和朋友等。

人可能会根据其希望，或者是所在团体在做的行为来实施自身的行为。如每两年一度的全国应用翻译研讨会都会有很多"常委"出席，同时还吸引不少从事这项研究的学者。与会者都把这个会议看作"家庭团聚"，很多学者感慨"找到组织了"。《中国科技翻译》和《上海翻译》成为应用翻译研究者的"家园"。

团体影响的保持主要是因为团体成员希望能够获得或者是保持成员资格。但是，某些情况下，有些团体成员又会因为其自身的观念和团体观念不符而改变其行为。一些经营机构在进行市场促销过程中有时采用一些信息接收者不愿与之有任何瓜葛的团体行为作为诉求重心，如景区的公益广告将某些自以为行为"潇洒"，乱丢垃圾的人"曝光"，实则是在利用反面教材来告诫公众这种行为不可取。这则广告涉及的团体就是反面消极参照团体。

参照团体的影响意义主要有两个方面：一方面，参照团体能够对消费者的消费行为产生一定的影响，这一影响是通过信息传播来实现的；另一方面，假如企事业单位的管理者充分发挥服务信息传播或者是一定的购买行为当中的团体作用，加快消费信息的传播。这种情况下，参照团体难以对消费者产生很大的影响。企事业机构的营销传播人员只能有效利用参照团体的影响，进行营销信息的有效传播。

4. 文化影响

文化有一定的差异，这也导致了在不同的文化背景下，人们的生活方式也会有所区别。同时，生活方式对消费的形态也产生了一定的影响。这些文化背景下的消费观念就提供给企事业单位营销人员用武之地。他们事先通过了解文化背景，并制定特定的策略来引导消费信息，将和文化背景下的生活方式更加符合的产品或者服务介绍给消费者。生活方式需要一个标准来进行测定，心理描述法就能够做到这一点。

"价值与生活方式类别"评估体系能够将消费者进行分类，根据其分类标准，美国的消费者共有八大类。同时，还可以将"资源依托型"和"自我导向型"两种类别再进行细分。在自我导向型群体当中，消费者包含了以对客观环境的认识为原则的消费者群体；地位导向型指的是根据他人的建议来消费；行动导向型指的是根据他人的行为以及冒险的想法等来进行消费。在八大类的消费者群体当中，又会根据其消费者自身条件如经济状况、受教育程度等因素的不同将其分成两类。条件极好或者是极差的两类也会被单独分开。条件极好的消费者能够进行任意消费，但是条件极差的消费者就做不到这一点。

文化不同在于其对信息的理解和处理方式的差异。在一种文化中具有深切含义的事物在另一种文化中可能无足轻重。文化的传播必须要借助一定的语言、体态以及图像等信息。这当中所包含的内容就是文化的真谛。企事业单位的营销人员经常因为传播信息的方式不恰当最终导致传播信息没有得到预期的效果。信息传播的相关方式在文化群落当中具有重要的作用。在西方，白色经常用于一些喜庆场合；而在东方，这种颜色多用于悲伤的场合。万字符在欧美往往与纳粹相提并论，而在藏传佛教中这一符号代表了吉祥福运。

企事业机构的营销翻译人员需要真正认知到市场环境当中的营销文化氛围，因为这是实现语言、体态以及图像等文化信息有效广泛传播的必要条件。社会发展也必然伴随着文化形态的改变，这就要求企事业单位的营销人员密切关注社会发展以及经济发展，预测文化发展新要点。

5. 亚文化影响

文化当中必然包含有亚文化或者是受众较小的文化群体。不同的亚文化具有不一样的文化特征，如民族群体当中，在美国就有印第安人、意大利人以及华人和希腊人等；人种群体当中，有白种人、黑种人以及黄种人等；宗教团体当中，美国具有天主教、伊斯兰教以及犹太教和佛教等。同时由于气候以及地理环境的因素，导致了民俗的差异，最终也会在文化上得到体现。同样名目的"寻根"，美国白人的目的地是欧洲大陆，黑人的目的地是非洲大陆，黄种人的目的地是亚洲大陆。

6. 社会阶层影响

某个体归于哪个社会阶层一般是以他们的收入为评判标准。除收入外，职业、住房条件以及居住地段等都会起到一定的评判作用。其中至关重要的是职业因素。

企事业机构的营销人员以及翻译人员经常需要分析不同社会阶层个体的一些特质，这并不是为了便于营销时差别对待这些人群，而是有效利用同一阶层中人们在习惯和态度方面的共性开展有效的营销传播。同一阶层在消费习惯和生活态度方面的共性可以使机构的翻译营销人员准确预测他们的购买和消费形式。那些属于特定社会阶层或在心理上归属特定阶层的人们都会选择与自己的社会地位相符的消费形式。发达国家那些亿万富翁将使用浴间电话、穿着 GUCCI 服饰、拥有 Rolls-Royce 轿车、持有私人俱乐部会员卡等视为体现自己身价的象征。

收入并不是影响人们消费水平的唯一因素，它还和购买欲望有关系。有的人特定购买仅是为了保持其特定资格或权限。20 世纪 80 年代那些经济较为宽裕的人们以光顾像北京饭店、友谊商店那样的地方购物为时尚。20 世纪 90 年代初，这些人的步履又踏进了赛特商场和燕莎友谊商城。进入 21 世纪，先富起来的中国人大量涌入巴黎春天、梅西百货。他们这样做的目的就是为了维护自身所在阶层的高贵，炫耀自身的能力。2013 年，"土豪"一词在中国的流行就揭示了一个新

"阶层"的行为特点和消费理念。

在不同的阶层中，媒介的使用是完全不同的。这不仅仅是指使用的类型有所差别，使用方式也是完全不同，他们会采取不同手段来获取消费决策的相关信息。业余时间读报纸、阅读杂志在社会中、上层人士中比较普遍；看电视在社会中、下层人士中则更受欢迎。社会中、上层人士在决定购买度假产品时更趋向从印刷品的介绍中寻找依据；而社会中、下层人士则更倾向于在亲朋好友、广播电视和销售人员那里获取必要的信息。网络的出现、移动媒体的普及使得社会上、中、下层人士似乎找到了共同点。实际上，新媒体，特别是网络和移动媒体更强调信息传播的针对性，以最为亲和与便捷的方式满足各层次受众的需求。

企事业机构的营销翻译人员对不同阶层在媒介上的不同癖好都有所了解，这样一来他们才能选择合适的媒介向目标群体传递信息。

7. 家庭影响

虽然人们的消费行为经常受他人影响，但人们并不总是为了自己而消费。家庭里的多数用品、服务是这个家庭的"主事"为家庭其他成员购买消费的。一些儿童的家长周末带孩子到游乐园去玩，真正的享受者是他们的孩子，但决策的做出者是孩子的家长。一位经常出差的丈夫决定利用春节的一周休假与妻子一同到印尼巴厘岛。明眼人一看就明白，这是丈夫着意为妻子做出的安排。

企事业机构的营销翻译人员了解家庭成员对消费行为影响的事实指导是：第一，家庭重点消费是受家庭中每个成员的影响；第二，针对不同的消费产品，每个成员表现出不同程度的决策和影响。企事业机构的营销翻译人员了解了家庭不同成员在进行消费方面决策时所充当的角色和所起的作用时，就可以更有针对性地进行劝导、译写、促销。

在一个家庭中，丈夫和妻子在家庭消费方面的决定作用依消费取向的变化而有所不同。如在度假旅行和子女上学方面由夫妻共同商定。

针对这种情况企事业机构的营销翻译人员就应在进行营销过程中针对夫妻双方的需求提供必要的信息。另外，丈夫在家庭购买家电方面可以全权决定，而妻子在购买厨房设备时基本上是说了算。在进行这类产品的促销时，商家就可分别对待。

企事业机构的营销翻译人员在开展宣传策划之前，首先一点是要了解所推广产品的特色，然后再分析研究每个家庭成员在这份销售中所扮演的角色，谁决定着是否消费，在一个家庭中，家庭成员在家庭消费中依据消费的取向各自发挥不同的作用。这种作用有时是单一的，有时是多重的。

一个家庭为孩子购买玩具，在孩子只有 2 岁时，孩子的母亲往往是消费项目的提出者、信息收集者、影响者和购买者。当孩子长到 10 岁时，孩子自己往往成为消费项目的提出者、信息收集者、影响者、使用者，而孩子的父母只是购买者。企事业机构的营销翻译人员明确了每个家庭各个成员所起到的作用后，再为相应的家庭成员提供相关消费信息。

家庭成员数量的变化，每个成员在成长的各个阶段的兴趣、需求等都会不同程度地影响着家庭的消费情况，这就意味着家庭的生命周期决定着家庭消费的取向。刚刚走出大学的单身年轻人的消费主要集中在休闲娱乐、购买服饰、谈情说爱等方面。而当他们结婚、生儿育女之后，养育和教育孩子成为家庭的主要消费取向。

企事业机构的营销翻译人员可以根据家庭生命周期的变化而做出最佳的营销方案，从而促进产品的有效售出。企事业机构针对单身年轻者提供的产品或服务与为老年退休人员提供的产品或服务具有明显的差别；营销传播人员在进行广告创意时，在针对年轻人进行的产品广告促销中突出新潮、浪漫，在对老年人进行的产品广告促销中体现怀旧、温馨，才有可能打动这些处于生命周期不同阶段的消费者。

8. 价值观

下面以罗克奇（Milton Rokeach）的价值层次论为例。罗克奇的价值层次论建立在态度和信仰之上，进而形成比马斯洛的动机需求框架更难改变的价值观。从某种意义上来说，价值层次论是对马斯洛的需求层次论的补充和完善。罗克奇认为个人价值观主导着个人行为，是目标态度和信仰的结合。罗克奇从两个方面分析个人价值观：第一，代表着人最终的目标和追求的终极目标价值观；第二，就是实现终极目标的手段和工具，即工具性价值。

罗克奇把价值观分为了如下几个层次：基本价值观、权威性价值观、演绎价值观和悖理价值观。

（1）基本价值观。首先基本价值观是建立在核心信念之上的。这里所说的信念指的是民众所达成的共识，这种信念基本不会受到更多的质疑，如太阳是从东方升起西边落下。鉴于广大民众对此坚信不疑，当促销环节和翻译环节发布了信息，而这个信息与大众或者是所针对的人员群体的价值观不符，或者相悖，那么无论采取什么样的方式，做出何种努力，这种传播也无法取得预期的效果。其次还有一种价值观，它是建立在个别的信念或者是特殊的信念之上的。这里所指的信念通常并不是大众的共识，所以必然会受到质疑。但是，实际上并不会有太多人明确提出这种质疑，通常都是"只可意会，不可言传"的状态。如雇员会认为雇主小视了他的能力和天赋，家庭成员会认为他平庸而前途迷茫。任何人想改变这种"成见"几乎都是徒劳的。为此，行之有效的方式是因势利导，迎合这种信念。

（2）权威性价值观。当我们同朋友、父母以及同事等周边的人进行交往以及互动时，权威性的价值观就会自然而然地形成了。如父母会告诫你一定要讲实话，这样就不会忘记你曾经讲过的"故事"。虽然随着年龄的增长、时间的推移，其中的一些信念可能会有所改变，但是这种价值观的本质不会发生太大的变化。所以，促销可以改变的是这些可以有所变化的信念，而不要试图去改变人本身固有的权威性价值观。

（3）演绎价值观。当我们与自己依赖的信息源产生互动时，演绎价值观就会得以确立。如我们经常阅读的书籍、观看的电视、收听的广播、收藏的网站等。演绎价值观是可以有所变化的，并不是恒定的，所以我们可以尝试着改变、影响、引导这种价值观。

（4）悖理价值观。当一个人有着特殊偏爱和独特的品位时，往往会形成悖理价值观。这种价值观有着明显的"个人主义"色彩，所以它比较容易被改变。如某人"喜欢居住在气候温暖、干燥的地方"就完全是个人的偏好，却有悖于常理和公认的基本价值观。

这四种价值观、信念和态度构成了我们的自我意识——如何看待我们自己。一旦我们的这种自我意识受到冲击，我们便会起而捍卫之。态度或信念的转变会导致行为的短期改变，但是作为人们的态度或信念根基的基础价值观将调控我们一生的言行作为。

9. 宗教影响

尽管人类已经进入高科技和信息社会，宗教作为文化的顶层建构和价值观的归结，其影响仍将继续存在。科学技术的发展并没有妨碍宗教的传播，适得其反，各种宗教因现代媒体和交通的便利而得到发展壮大。由于跨文化沟通中的失误而引发的不同宗教文化之间冲突，甚至局部战争仍将是影响翻译实效的重要因素。

10. 思维方式

语言问题不是简单的文化现象，是思维、思想方式问题。在对中西方文化差异进行研究和分析后，王国维指出，思维方式的不同是中西方文化产生巨大差异的根本原因，相对于中国人来说，西方人更擅长分类以及抽象思维。他在 1905 年写的《论新学语之输入》一文中说："抑我国人之特质，实际的也，通俗的也；西洋人之特质，思辨的也，科学的也，长于抽象而精于分类，对于世界一切有形无形之事物，无往不用概括（Generalization）及分析（Specification）之二法，故言语之多，自然之理也。吾国人之所长，宁在于实践之方面，而于理论则以具体知识为满足。至分类之事，则除迫于实践之需要，殆不欲穷究也。"季羡林教授强调"东西文化有同有异"。其间之异，无论如何是否认不了的。"东西文化差异之根本原因在于东西方思维模式之不同，东方的思维模式是综合的，而西方是分析的。""西方思维模式的主要特点是分析，而东方则是综合……什么叫分析，什么叫综合呢？简洁了当地说一说，我认为，西方自古希腊起走的是一条分析的路，可以三段论法为代表，其结果是只见树木，不见森林；头疼医头，脚疼医脚。东方的综合，我概括为八个字：整体概念，普遍联系。"

11. 语言形态

一个民族特有的思维模式最直接展现的就是其语言形态。关世杰教授从跨文化传播学视角就中、美思维方式差异对语言交流过程中的选词、联词、造句、文体、交流语境五个方面进行探讨。关教授指出：中国人擅长形象思维，所以在撰写文章时，非常热衷于使用一些夸张的形容词以及文雅的成语，以便使自己的文章显得更加生动。而美国人则擅长概念思维，他们在撰写文章时，习惯用一些概念性的词语，喜欢将范畴明确下来。中国人偏爱使用的那些"顶级"词汇对于从低语境文化来的读者在没有特定、具体的事实支持下不会发现其中的奥妙和意义。

因为中国人更喜欢形象化的思维方式，所以在遣词造句时擅长运用比喻的修辞手法。中国汉语造句如大江流水，后浪推前浪；体现在句子结构上表现为中文表达多为"流水型"结构，美国人则偏好部分思维和逻辑思维，英语句子犹如一棵大树，枝杈繁茂，表达多为"树杈型"结构。中文句子以短句为主，行文流畅，注重意合。而英文句子层级结构上主谓分明，更加注重精确的逻辑关系，注意形合。中国人的思维方式中并不会将主观和客观的形式区分得很清晰，这种思维方式下所产生的文章在西方人看来就会有概念不清的缺陷。这种中式思维在西方人看来缺乏明确性和准确性。中国人偏好整体到部分的思维方式，注意环境，表现在汉语句子中，多用短句和简单句，一般采用语义重心在句子后面的位置，句子呈迂回铺垫式。美国人偏好部分到整体的思维方式，导致英语句子语义重心一般采用前重心位置，习惯上把主要信息置于开头，然后再将其他信息补进，句式呈直奔核心式。

中国人习惯在写文章时做好背景叙述和大量铺垫，以反复和螺旋的形式层层递进揭示主题；而西方人则习惯开门见山，直接交代论点，再以直接论证的方式对论点展开论证和支持。因为在中国人的思维定式中，会认为好的文章都应该有一个严谨而完整的结构，文章的开头和结尾必须要遥相呼应，写一篇文章就要把所有涉及的人物和事件阐述完整，交代明白，而且行文的过程不能混乱颠倒。这种习惯在美国人看来则是不可取的，因为有这种特点的文章往往会导致重点不突出，而且连接性比较差。中国人所写的文章往往会有一段具有概括作用的话作为开头，段落与段落间也常常有一些在西方人看来与本文全无关系的内容。文章作者的观点往往并不会非常直白地表达出来，而是会比较隐晦地存在。而西方人所写的文章通常都会有一个中心的焦点，其他内容都会围绕这个焦点展开叙述。而且文章一开始，作者的观点往往都已经被明确地阐述出来。

中文属于一种高语境的语言，这种语言非常依赖上下文之间的关系，而英语中对这种上下文的关系却并不十分依赖，所以英语属于一种低语境的语言。我们理解汉语时，往往要同时结合这句话之前和之后的内容以及意思才能确定，而英语则不是这样，英语的每一个词语，都会有自身明确而固定的意义。

中国人的思维模式在全球化时代仍然是中国文化最为坚固的部分，在对外宣传、国际营销、跨国广告、电影电视、新闻传播、旅游推介、企业公关等跨文化传播语境中坚守其地盘。在翻译实践中，文学翻译所积累的经验在很多情况下反而成为译者有效进行跨文化传播的羁绊，西方基于文学和经典翻译背景衍生的现有译论的一言堂同样反映的是中国人思维方式的现行特点和文化形态。

中国人的思维模式不仅在字里行间得到展现，在写作整个过程中也都有不少有别于英、美作者的方式与方法，为此在对外传播时效性方面大打折扣。外文出版社韩清月认为：因为中国和外国不仅在文化以及语言上存在很大的差异，而且中西方人在思维方式、表达方式以及价值观上都有着显著的不同，所以翻译文本时，如果对中文文本简单地进行直译，往往不会收到原文预期的效果，甚至在有的情况下，还会与中文作者的写作初衷相去甚远。因此并不是所有的中文文本都适合进行翻译并对外传播，有一些并不适合进行翻译传播的文本实际上在翻译过程中也会遇到重重阻碍，并且也难以取得对外传播的预期效果。

事实上，无论是在我们的外宣译文中，还是在商务英译中都可以窥见中式思维对汉英翻译或英文写作的影响。其具体体现在以下几个层面：①具体（Concrete）vs 宽泛（General）；②正式（Formal）vs 随意（Informal）；③逻辑严谨（Logic）vs 逻辑凌乱（Illogic）；④成人语言（Mature）vs 幼稚语言（Baby）；⑤简约英语（English）vs 中式英语（Chingtish）；⑥写作（Writing）vs 翻译（Translating）；⑦调查研究（Research）vs 主观臆断（No Research）；⑧创意（Creation）vs 雷同（Reproduction）；⑨协调连贯（Coherence）vs 松散杂陈（Loose）。

以上几点中调查研究最为关键。汉语原文作者绝少进行调研，译文译者也"纸上谈兵"，那么结果必然是"无的放矢"，大量外宣和营销传播经费"打水漂"也就不足为奇。

第四节　应用文本翻译的目的与原则

一、应用文本翻译的目的

应用文本的类型有多种，每种应用文本的翻译目的是不同的，下面以商务广告、商务信函、商务合同的翻译目的为例进行论述。

（一）商务广告翻译目的

商务广告的翻译目的就是在译入语语境中尽可能地引起消费者注

意，激发起消费者的兴趣及购买意愿而最终诱导其采取消费行动。在全球化背景下，成功的商务广告翻译能够为异国消费者所认同和接受，更好地融入译入语文化，促进商品的销售，提升企业的经济效益，改善企业的形象，增强企业的信任度。相反，失败的商务广告翻译则不能有效地使其产品、服务、理念融入异国文化，甚至可能使其成为滞销产品，贻笑大方。商务广告翻译的成败取决于其译文在译入语文化中实现其功能的程度，即是否能够成功地实现翻译目的。

（二）商务信函翻译目的

商务信函的文本是一种交际行为，是商务信函作为国际商务交往的主要沟通媒介和手段，在商务交往中有着重要意义。所以，商务信函的翻译质量直接影响商务往来结果。信函翻译得好，将可能促使业务的达成，避免产生误会与分歧，与客户形成友好的合作关系；如果翻译得不好，可能会造成矛盾与误解，从而导致合作破裂。翻译的目的在于完成信息交流，实现文本的交际功能。因此，要对信函进行文本分析，在此基础上探究其功能及语言特点，以便制定适合的翻译策略，并在这种翻译策略指导下确定译文形式和文体，以达到交际目的。

（三）商务合同翻译目的

商务合同是商务活动中双方需要遵守的准则，严肃而且具有法律效力。同时商务合同也是工作过程中解决双方争议的依据。因此，商务合同是一种比较特殊的应用文体，属于法律性的公文，具有鲜明的法律文本特色。因此，在翻译合同文本时，要做到译文准确严谨、规范通顺，让合同各方明确各自的权利、责任和义务，认真完成合同的规定，顺利实现交际目的和完成交易。合同译者不仅要掌握一定的专业知识和合同术语，还要对合同独特的文体特征有深刻理解，以形成较强的合同翻译的技能意识。

二、应用文本翻译的原则

（一）应用文本翻译的理论原则

翻译研究的基础是翻译实践。应用翻译主要是信息翻译。信息是可以验证的，包括客观世界中的实践、状态、过程、物体、人物、地点等。应用翻译理论首先要符合信息翻译的特点和要求，经得起科学验证和实践检验。应用翻译的理论原则包括实践性、对策性、功能性、系统性和综合性。

1. 实践性

实践是应用翻译理论研究的出发点。应用翻译理论来自实践，又指导实践，并在实践中受检验，得到修正。"应用翻译研究主要是基于实践的研究。……这类实践研究是把实践的元素融入方法论或研究产出中去的一种学术研究。"翻译理论的实践性主要在于两方面。

（1）语言（包括源语和译语）实践，即以语言的多样性、差异性，以及双语的可译性为基础，研究翻译实践中的各种问题。

（2）翻译过程及翻译过程的参与者，包括原文、作者、原文读者、翻译发起人、译者、译文、译文读者等因素，描写并解释应用翻译的实践过程，重点是译者、译文、译文读者。

2. 对策性

对策是应用翻译理论研究的落脚点。对策包括理论观念、策略手段和翻译技巧三个方面。

（1）理论观念研究，指对应用翻译的实质、目的、功能和特征的探索和论证。

（2）策略手段研究，包括对已有策略（如归化、异化、同化、改写、阻抗、文化移植、全译、变译等）的适应性研究和创新研究。

（3）翻译技巧研究，传统的研究主要从语法角度加以条理化、系统化。现在，除了在传统技法的基础上进一步发展外，需从各种相关学科（如语用学、篇章语言学、认知语言学、语言心理学等）的原理出发，对翻译技巧加以总结和提炼，并有更好的概括和解释，适应应用文本新词生长快、形式变化多、互文性强等特点。

3. 功能性

就翻译实践层面而言，应用翻译中除了等功能翻译外，还有近功能翻译和异功能翻译（hetero functional translation），异功能翻译使译文和原文具有不同的功能，例如，根据翻译委托人的意愿，译者可将以呼唤功能为主的原文只翻译其信息内容；委托人也可能要求译者把几篇主题相同文章综合翻译成一篇综述性文章。显然，综述性译文的功能既不等同于某篇文章的功能，也不等同于原文或几篇原文的功能的总和，而是贯穿于应用翻译理论研究的各层面。但是，就目的论而言，目的是首要的，功能可以因目的的改变而改变。

从理论层面而言，应用翻译理论除了实践功能外，还有认识功能（由研究应用翻译的本质特点而得）、方法论功能（以研究翻译策略和方法为基础）、批判功能（依赖于应用翻译理论的本体论、认识论、价值观、方法论）等。

4. 系统性

应用翻译理论研究的系统性包括两方面。

（1）应用翻译子系统受制于翻译学科总系统，随翻译学科总系统的发展而发展；反过来，子系统的发展也有助于翻译学科总系统的发展。这就是说，应用翻译理论研究要接受总系统普遍理论的指导，要运用总系统中的相关研究成果。例如，文化学派理论是宏观理论，认为翻译实践本质上是文化政治的实践，其与一定的历史现实相联系，是特定背景下依据特定人群的利益重新阐述原文的实践。其能对应用翻译理论研究进行相关指导。译者在翻译过程中不仅要斟酌于字句，还要考虑意识，意识形态是是否进行翻译或改写的重要参考依据。

（2）应用翻译理论子系统相对独立，它有自身的研究对象、范畴和方法论，区别于翻译学科中的其他子系统。

5. 综合性

应用翻译理论研究的综合性体现在两方面：一是研究对象的综合性，如上所述，应用翻译语域宽、涉及广，其理论的覆盖面应具有应用翻译所及的宽广度。因此，需要提炼各次语域的共性，加以集中研究和讨论，特别要侧重于应用翻译功能、目的、文本类型、翻译规范、翻译策略、翻译技巧等方面的理论研究。另一方面是对于与应用翻译密切相关的交叉学科的综合研究，特别要加强对应用翻译研究范畴具有开拓性和依赖性的学科的综合性研究，如功能语言学、文本类型学、文体学、社会语言学、篇章语言学等对应用理论研究的加入。

(二) 应用翻译的实践原则

以前国内对翻译理论的理解具有狭隘性，认为其只针对文学，但是文学翻译理论一统天下的局面已被打破。我国最近几年出版的有关应用翻译的书籍反映了这一现象，例如，郭建中的《科普与科幻翻译——理论、技巧与实践》、李长栓的《非文学翻译理论与实践》、贾文波的《应用翻译功能论》以及笔者主编的《英汉—汉英应用翻译综合教程》等都结合各自的主题，有专章的应用翻译理论探讨。除了这些专著或教材以外，在应用翻译研究的期刊论文中单纯的实例堆积少了，理论分析和理论研究加强了，理论意识普遍增强了。应用翻译理论得到多种学派支持，有来自语言学派的，也有来自文化学派的，如意识形态与翻译方面的理论等的应用。

应用翻译的研究者不但从各自领域提出翻译实践的对策性理论，而且从宏观上提出翻译的原则和标准。早在 2003 年，林克难就提出"看译写"（后来改为"看易写"）的翻译原则；杨清平（2007）提出"目的指导下的功能原则与规范原则"等。这些原则或模式，有的吸收外来成分从不同角度提出，有的继承传统译论，注入新的思想，对于指导翻译实践或做进一步的理论研究，都有重要意义。但是，作为宏观理论，上述原则或模式的解释力和概括力可进一步提升，为此，笔者提出应用翻译达旨—循规—共喻的总原则，以在更大范围内适应翻译实践和研究，提高理论的概括力和解释力。

在译论研究中，我们需要继承传统的思想脉络和固有的理论特色，吸收外来有用成分来讨论面临的问题。达旨—循规—共喻三原则是根据严复的翻译思想和翻译实践，结合文化学派规范理论和功能目的论提出来的，是中西翻译理论元素相结合的尝试。达旨——达到目的，传达要旨；循规——遵循译入语规范；共喻——使读者晓畅明白。三者各有侧重，互为因果。其中，"达旨"和"共喻"源自严复的"译例言"；"循规"源自文化学派的翻译规范理论：翻译活动发生在一定的社会文化环境之中，译者为使翻译获得认可，就必须要遵守译文社会的规范。作为翻译原则，我们要吸取的只是"达旨""循规""共喻"源出文本思想的合理内核，而非照抄照搬。

1. 达旨

在我国的译论中，对严复的"信、达、雅"基本上是接受的。但对他的方法论或具体的译书方法一般持反对态度，这是一对矛盾。学者们特别认为严复的"达旨"不可取。例如傅斯年先生在《译书感言》中说："严几道先生那种'达旨'的办法，实在不可为训，势必至于'改旨'而后已。"范存忠先生在《漫谈翻译》一文中也说："严氏所谓'达旨'，所谓'发挥'，一般理解为意译，实际上是编纂，完全超出了翻译的范围。"那么，我们用今天的目光来看严复的"达旨"是否符合当今的潮流。

（1）严复的"达旨"。"达旨"是严复翻译《天演论》的基本思想。对他来说，"达旨"既是翻译原则，也是翻译策略。汉语的"旨"有"意义""目的"双重意思。所以严复达旨的双重性在于：通过翻译，在表达原作意思的同时，达到译者的目的；或通过传达原文之旨（意思）来达到译者之旨（宗旨）。严复的《天演论》就是达旨式的译文。

严复的达旨，发端于他译书的目的。为了达到译书的目的，他

"不云笔译，取便发挥"，摆脱原文的缰绳，自由驰骋。一般采取三种方法。

第一，在文内加警句，点主题，如《天演论》首段中有"离离者亦各尽天能，以自存种族而已。数亩之内，战争炽热，强者后亡，弱者先绝"之译句，系译者自加，"是为了突出宣传'生存竞争'，'救亡保种'的爱国主义思想作伏笔的"（高惠群等，1992：87）。

第二，替换实例，改造原文，甚至把自己的观点强加于原文的"实非正法"。

第三，文外加按语，在《天演论》的翻译中，"他一半通过翻译，一半通过按语，将他认为必需的达尔文基本原理、斯宾塞普遍进化观和赫胥黎以人持天、自强保种之新观点——摄取，连同他自己的理解、倾向和强调，综而统之，注入书中。"

另一方面，他在"译例言"中对"达旨"的解释是：译文取明深义，故词句之间，时有所颠倒附益，不斤斤于字比句次，而意义则不倍本文……题目达旨。如《天演论》的第一句的译文就为他以上论述作了最好的注释。

这里严复解释他如何达旨。不拘于原文形式，重在内容，采用多种有效手段，用自己的语言译述，这是今天我们仍然可以借鉴的。严复为了达到他本人之"旨"，在翻译中还采用一般译者不屑、不为或不愿的种种方法，"取便发挥"。

比起《天演论》和《名学浅说》来，严复《群己权界论》还算是忠实于原文的。但是在上文中严复还是从达旨的理念出发，加上了原文中没有的字句，如"势且弱肉而强食"。

严复达旨的高度常人很难达到，"他'于西学中学，皆为我国第一流人物（梁启超语），是'19世纪末年中国感觉敏锐的人'（鲁迅语），才有可能胜任这种以达旨式译法传播西学的重任"。这里，我们借用"达旨"两字，主要就他的翻译思想而言，同时吸纳他的颠倒附益、长句短译、增译减译等方法。

严复的达旨包括达到目的和传达意义两个方面，两者互为因果，不能偏废。功能只是译文的一种可以把握的属性。

（2）目的论与达旨。目的论的理论核心在于翻译的目的，即为达旨。与严复的达旨不同，目的论中的达旨主要不是表达或达到译者个人之旨，而是通过译者表达或达到翻译委托人和译文接受者的旨。开始翻译之前，先对翻译委托人在翻译方面的要求以及所达目的进行相关了解，即明晰译文所达目标、受众、时间与空间（篇幅长短、信息丰富性）等。这就是所谓的翻译要求或翻译纲要（translation brief）。翻译要求也可以由客户和译者共同讨论完成。译者根据翻译要求制定翻译策略，翻译要求成为译者翻译工作的目标。

应用翻译中有大量信息型文本，如教科书、报纸杂志等。关于特定主题的事实是信息型文本的核心，由于其为语言之外的现实世界，所以翻译的着力点应为信息和客观事实。

除了信息型文本外，应用翻译还面对以呼唤功能（vocative function）为主的文本，劝导性强是这类文本的特征，其侧重于让读者去行动、思考、感受。当然，许多语篇是以一种功能为主，兼有其他功能的。不管怎样，在形式和内容的关系上，翻译应着重于意义和精神。而不是拘泥于原文的语言形式。坚持达旨的原则乃是译者的根本。

2. 循规

循规即遵循译入语的文化规范。文化学派认为规范是社会文化对翻译的约束力。"翻译是一项受规范制约的行为"。翻译规范是译者的翻译行为所遵循的原则，翻译法令、翻译标准、翻译规则和翻译常规等都是翻译行为原则，它们虽然对翻译行为的约束力有强弱差异，但都应纳入"翻译规范"的范畴之内。

（1）融入译语意识形态。从权力话语的角度来看，翻译是一种双重权力话语制约下的再创造活动。对于同一现象在不同政治语境制约下会有不同的说法，译语往往表达一定政治集团的意识形态。例如，国外有的媒体把"中国大陆"译为 main land China，而我们应该译为

the main land of China 或 Chinese main land，以免产生"两个中国"之嫌。我国国策"对外开放"国外常译成 Open-door，而我们应该译成 Opening up/opening up to the outside world，以免产生晚清各国列强强加给中国的那种"门户开放"的联想。美国《时代周刊》是国际上最具影响力的杂志之一，它关注中国的时事动态，经常有关于中国的报道。在报道中凸显其主流社会的意识形态。例如：

In May Jiang commanded Chinese to "talk politics". (*Time*, October 7, 1996)

把"讲政治"译成 talk politics，从字面上看似乎没有问题，但英文的 talk politics 就是 talk about politics（谈论政治），是中性的，毫无积极意义。而我们的"讲政治"是有积极意义的，应为 to be politically conscious or alert。"三讲"（讲学习，讲政治，讲正气）英文可译为：teach the need to study, to be political-minded and to be honest and upright.

（2）符合译语思维方式。不同民族在面对同一内容时可能将从不同的思维角度进行思考。语言方面的差异如实反映了思维上的民族特征，由其引发的问题无法依靠语言本身的规则加以解决。一种语言代表一种文化，从某种意义上说，翻译就是翻译文化，只能靠研究民族文化和与此相关的不同思维特点去解决。例如以下广告语：

A world of comfort—Japan Airlines（充满舒适与温馨的世界——日本航空公司）

Coke refreshes you like no other can.（没有别的食品能像可口可乐那样使您精神豪爽；没有别的罐装饮料像可口可乐那样使您清新。）

上例中"can"语义双关，汉语无对应词，只能分别译出。

（3）遵守译语规范制度。不同的国家实行不同的货币制度、纪年制度和技术规范，也有不同的职称、职衔，翻译时常需转换或改译，采用译入语国家的相应说法。为此，译文有时必须加以调整。经纬度、温度（英语国家多用华氏，我国用摄氏）、度量衡制度（英语国家多用英制，我国用公制）常要以译入语国家的规范为准，有时须作换算。

3. 共喻

在解决了"达旨"和"循规"之后，"共喻"成了突出的问题。译者在翻译过程中既要忠实于原文，又要保证译入语的规范性，如果由此翻译的文章仍然无法为读者所理解，则说明没有达到翻译的最终目的。

由于翻译目的与功能不尽相同，文化也存在一定差异，所以翻译策略也要进行相关调整。持目的论者认为，进行调整的目的是适应译文受众的交际情境。严复的做法是："此在译者将全文神理，融会于心，则下笔抒词，自善互备。"在"共喻"的做法上，或者在译文的表达和调整方面，各家论述虽有不同，但在策略上都有要求，殊途而同归。

（1）译文通顺。通顺才能达意，通顺才能共喻。通顺是对翻译的一般要求，否则译文佶屈聱牙，生涩难辨，不但没有可读性，还会造成理解上的障碍。为此，翻译时经常要采用引申、增词、减词、调整词序以及一些变通的手法。例如：

The magic spades of archaeology have given us the whole lost world of Egypt.（考古学家用神奇的铁铲把整个古埃及都发掘出来了。）

译者没有照字面直译，只是调整了个别词义，作了简单的引申，把句意和盘托出，还保留了形象。

天津——一个独特的进入中国、通向世界的、太平洋岸边的大港。(Tianjin, a vast port city on the coast of the Pacific ocean, acts as a gateway to China and a bridge to the outside world.)

译文对整句作了变通的处理，调整了词序。

（2）适应不同读者需要（采用不同文体）。同一原文，读者对象不同，可以有不同的译文。例如，同一科技内容可以用浅显的文字表述，也可用专业的文字表述。

食物通过消化管消化，消化过程始于口腔。口腔内牙齿咀嚼食物，用唾液湿润。食物咽下后，经食道（肌肉管）送入胃……

Food is digested as it passes along the long tube which begins at the mouth and ends at the anus. The process of digestion begins in the mouth where the food is crushed by the teeth and made wet by the juices in the mouth. After it is swallowed, it passes down the gullet, a tube having muscles and going to the stomach…

同一个意思，用专用英语可表述如下：

Food is digested as it passes along the alimentary canal. The process of digestion begins in the mouth where food is chewed and moistened by the saliva. After being swallowed, it passes down the gullet, a muscular tube leading to the stomach…

两相对比，词汇和句法上的差异是明显的，以上两段文字的主要区别在于：专用英语常用术语来表述思想，而科普英语用日常用语来表达相应术语的丰富内涵，并且在句法上也要拖沓些。

达旨、循规、共喻三者各有侧重，互为因果。译者以达旨为出发点，在翻译过程中遵循译入语的社会文化规范，力求达到共喻的结果。如果把达旨、循规、共喻看成一个过程，那么这一过程以达旨为先导，没有达旨（或说没有翻译目的，没有所要表达的基本内容），也就没有翻译行为。意欲达旨，但如果在翻译中不遵循译入语规范，也不能成就真正意义上的翻译。因为规范是解释社会活动最根本的概念，也是社会秩序赖以建立的基础，是解释文化活动（包括翻译）的关键，在确定翻译行为上起中心作用。如果译者有意无意地要摆脱译入语的社会文化对翻译的约束力，回避规范，翻译行为也不能完全达到目的。而达旨和循规的结果最终要落在共喻上。即使在同一社会文化规范下，读者对象也因翻译任务的不同而不同。笔译与口译不同，文学翻译与科技翻译不同，读者的层次、背景不同。要采取不同的翻译策略，不同的形式和风格才能使译文明白晓畅，易于理解，让读者乐于接受，最终才能称得上共喻。可见共喻是达旨指导下的共喻，共喻是顺应译入语规范的共喻。总之，作为应用翻译三原则的达旨、循规、共喻三位一体，相互作用，相互影响，不可分割。

第三章　基于功能翻译理论的应用翻译策略研究

翻译教学是满足新时代要求，培养实用型翻译人才的有效途径之一，而有效的翻译教学离不开必要的翻译理论指导。本章主要对功能翻译理论进行探析。

第一节　功能翻译理论产生的背景和历史渊源

功能翻译理论认为翻译是涉及多种行为主体的复杂行为，这些行为主体包括委托人、译者、受众等，其是文化转换活动，是跨文化的，用于交际互动。功能翻译理论于 20 世纪七八十年代产生于德国，先驱人物的相关理论有凯瑟林娜·赖斯的文本类型理论、曼塔利的翻译行为理论、费米尔的目的论以及克里斯蒂安·诺德的"功能加忠诚"理论等。诺德认为，功能翻译思想是功能主义模式研究翻译的各种理论。贾文波（2007）指出，"文化转换"与"交际互动"为功能翻译思想的核心。20 世纪 80 年代末，功能翻译理论被介绍到我国。我国此方面研究的领军学者将该理论指导应用于翻译研究、文学翻译和翻译教学。

一、功能主义来源

20 世纪 20 年代，布拉格学派对语言的功能做了深入的研究，包括语言的交际功能、社会功能和美学功能等。该学派著名的学者马泰休斯指出，语言产生于人类的活动，同人类一样具有目的性。话语发出者的目的旨在表达，因此应当运用功能主义思想对语言予以分析。

20 世纪 50 年代中期，转换生成语法学派在批判结构主义语言学的基础上，提出了系统的形式主义语言学理论，该学派代表人物为美国著名语言学家乔姆斯基。生成句法以句法结构为主要研究对象，在词库基础上构建句法规则，由此推到句子。为达到促使语言学向自然科学靠拢的目的，以演绎法为生成句法推崇的方法，再以验证假设法完善理论模型，通过这些方式促使语言学成为形式化、可推演的科学。受生成语法理论的影响，学术界又提出了其他形式的语言学理论。

研究者从 20 世纪 70 年代开始，逐渐认识到语言学方面的问题不能依靠形式主义的研究方法，对语言的研究要结合多种因素，如使用者、意义、背景等。若不考虑这些因素只研究"自足句法"，则使一些语言问题无法解释，这样在某种程度上有悖于语言的本质。功能主义便是在这样的背景下产生的。功能主义语言学关注语言形式传递信息的功能，着重研究语言的各种功能，如语篇功能、社会功能等。

二、语言功能的含义与类别

功能语言学家尼科尔斯认为语言功能有以下五种含义：

（1）依存关系：指两事物之间相关与互动的关系。

（2）目的：语言的功能对语言使用者来说就是目的，这也是语言的有关学科所探索研究的对象。

（3）语境：语境功能是指语言反映言语活动环境的能力，勾勒出大的社会语境，交代参与者的身份，语篇也是语境的组成部分。

（4）结构关系：这种结构功能是指一个结构成分与上层某个结构单位的关系，即它在这个上层单位中所起的作用。

（5）意义：在现代语言学论著中，"功能"有时与"意义"相等，尤其是语用意义。"功能"研究即为"意义"研究。

语言功能的分类有很多，其中德国心理学家布勒（Karl Bahler）和美国语言学家雅各布森（Roman Jakobson）的观点较有影响力。

布勒于 1934 年在其著作《语言论》中提出了语言功能的"工具

模式"，该模式包括五个因素，五个因素之间相互联系，符号与其他因素之间相互作用产生语言功能，语境是由符号表现出来的，说话者通过符号这种表情来传递语言，受话者通过符号来接收信息，是感染关系。

雅各布森是美国的语言学家，他发展了布勒语言工具模式中的交际功能。1960 年，他在文章《语言学和诗学》（*Linguistics and Poetics*）中提出了语言的六个要素，即语境、信息、信息发送者、受话者、接触渠道和代码；六种功能模式，即指称功能、表情功能、意动功能、寒暄功能、诗学功能和元语言功能；并阐述了各语言要素之间的关系（信息和语境之间的关系为"表现"，信息和信息发送者之间的关系为"表情"，信息和接收者之间的关系为"意动"，信息和接触渠道之间的关系为"寒暄"，信息和组成信息的代码之间的关系为"元语言"，信息与其本身的关系为"诗学"）。

三、功能翻译理论提出的基础

虽然直到 20 世纪末才提出功能翻译理论，实际上在翻译实践的历史长河中，译者们对此种翻译观点早有感悟。比如许多译者在翻译文学作品的时候，都意识到要根据不同的语境运用不同的翻译方法。翻译理论家西塞罗曾指出，逐字翻译的译文有时显得不通畅，如在必要处更改原文的措辞及语序，这又超出了译者应发挥的作用。杰罗姆和路德指出，在翻译《圣经》时，有些段落需要逐字翻译，有些地方则需要将其意义翻译出来，有些地方还需要根据读者的期待做适当调整。

20 世纪 60 年代，奈达在著作《翻译科学探索》中提出了翻译的"动态对等"原则。"动态对等"是指要在译文中使用最贴近且又最自然的对等文本再现源语的信息。"贴近"是指要使译文的信息表达完整、准确。"自然"是指要使译文通顺、流畅，也就是说要最大限度地接近原文。在翻译评价方面，奈达提出了"读者反应论"，将读者的反应视为翻译质量评价的标准。动态对等是从读者的维度而不是从译文形式的维度来看待翻译。之后，奈达在著作《从一种语言到另一种语言》中使用"功能对等"代替了"动态对等"。"功能对等"关注翻译的交际功能，强调翻译的内容和结果。德国的功能翻译理论流派深受奈达的"功能对等"理论的影响。英国翻译理论家彼得·纽马克也进行了相关改进，他将翻译与语言功能有机结合，并提出翻译的三种文本功能类型。这三种文本功能类型分别为表达型、信息型、呼唤型，他建议用语义翻译法翻译表达型文本，用交际翻译法翻译信息型与呼唤型文本。

第二节 功能翻译学派理论的主要观点

应用文体的翻译以功能翻译理论（functionalist translation theory）为指导。功能翻译理论是一个广义的术语，涵盖了众多以语言的功能为基础和中心的翻译理论。除德国功能翻译学派的"目的论"（skopos theory）主导理论以外，还包括一些认同功能翻译的理论以及受德国"目的论"启发的学者的观点，这其中包括美国学者奈达（Eugene A. Nida）的"功能对等"理论（functional equivalence）和英国学者纽马克（Peter Newmark）的"交际翻译"理论（communicative translation）。

一、功能对等理论

尤金·奈达（Eugehe A. Nida）是美国著名的语言学家、翻译家和翻译理论家，在世界翻译界有广泛的影响。奈达的"功能对等"理论是基于他的《圣经》翻译研究而提出来的，其发展经历了三个阶段：形式对等（formal equivalence）、动态对等（dynamic equivalence）和功能对等（functional equivalence）。奈达在 1964 年出版了《翻译科学初探》，在书中提出了"形式对等"和"动态对等"的概念。70 年代，奈达又直接用"功能对等"代替了"动态对等"。

（一）形式对等强调的是原文文本

形式对等强调的是原文文本，指的是在翻译过程中，要尽可能地把原文的内容和形式都忠实地传达出来。译入语读者在看译文时，要尽可能地觉得他是原文语境中的一位成员。形式对等是一种有意义的直译，为了更好地理解原文文本，原文可以加注脚，原文形式有必要保留。形式对等是从内容和形式上关注信息本身。

（二）动态对等

在这一阶段，奈达把动态对等称为等效原则（the principle of dynamic effect）。这种原则就是寻求与源语信息一样的、最贴切的自然对等，即接受者和信息应该在本质上与源语的接受者和信息一致。为了取得语言、语法与词汇上的通顺、自然，译文可以与原文的接受者和信息一致。信息可以裁剪，以满足接受者语言和文化上的需要，并且达到"完全自然"的表达。"动态对等"追求的是和源语信息最接近的最自然的对等翻译（the closest natural equivalence）。为了取得语言、语法与词汇上的通顺、自然，要考虑译文风格、措辞和接受者的语境，译文可以做出适当的改变。为了对等，译文必须达到四个条件：①要有意义；②要传递原文的精神风貌；③表达自然、流畅；④要与原文产生相同的反应。在意义与风格发生冲突时，意义对等优于风格对等。

（三）功能对等

为了强调翻译的交际功能，奈达就用"功能对等"代替了"动态对等"。该理论的主要观点是，翻译不应拘泥于原文的语言结构，而应着眼于原文的意义和精神，使用一种"最切近的自然对等语"使译文文本的读者基本上能以原文读者理解和欣赏原文的方式来理解和欣赏译文文本。

二、交际翻译理论

彼特·纽马克（Peter Newmark）是西方当代科学翻译学派中最具代表性的人物。1981年，在《翻译问题探索》（*Approaches to Translation*）中，纽马克提出了"语义翻译"（semantic translation）和"交际翻译"（communicative translation）两个重要翻译策略。语义翻译是把重点放在原文的语义内容上，而交际翻译则是把重点放在读者的反应上。纽马克把严肃文学语言划归到语义翻译，将非文学语言划归到交际翻译。

忠于作者、充分表达作者原意的翻译叫作语义翻译（semantic translation）；忠于读者、便于读者接受的翻译叫作交际翻译（communicative translation）。纽马克非常明确地区分了语义翻译与交际翻译的标准，认为语义翻译是"在目标语语言结构和语义许可的范围内，把原作者在原文中表达的意思准确地再现出来"；交际翻译是"试图为译文读者创造出与源语读者所获得的尽可能接近的效果"。简言之，语义翻译屈从于源语文化和原作者，注重译文是否忠实于原作，注重词、句的语义分析，译文与原文的形式更为接近；交际翻译屈从于译语和译语文化，注重译文读者的反应、译文的顺畅，实际效果与原文内容发生冲突时，内容让位于效果。

三、德国的功能派翻译理论

德国的功能派翻译理论产生于20世纪70年代到80年代，它摆脱了传统的对等、转换的语言学的翻译方法，运用功能和交际方法来分析、研究翻译。它的形成大体经历了四个阶段，其颇具里程碑意义的理论是赖斯的文本类型理论（text typology）、费米尔的目的论（skopos theory）、曼塔利的翻译行为理论（theory of translation action）和诺德的功能加忠诚理论（function plus loyalty）。

（一）文本类型理论

1971 年，凯瑟林娜·赖斯在《翻译批评的可能性与限制》（*Possibilities and Limitations in Translation Criticism*）中首次提出翻译功能论（functional approach），把"功能类型"这个概念引入翻译理论，并将文本功能列为翻译批评的一个标准。值得强调的是，她的这种理论观仍是建立在以原文作为中心的"等值"基础之上的，其实质是寻求译文与原文的功能对等。

赖斯将语言的语义功能分为 3 类：信息功能（informative function）、表达功能（expressive function）、感染功能（operative function）。在这 3 种功能的基础上，赖斯将文本分为三大类：内容为主的文本、形式为主的文本、感染为主的文本。

内容为主的文本注重文本的内容，这种文本主要反映客观事实，传递信息，所以该文本也被称为"信息型文本"（informative text），如新闻、商业信件、条约、官方文件、各类非虚构作品、教材、论文、报告以及人文学科、自然学科和其他技术领域的所有文献。形式为主的文本（expressive text），其内容通过艺术形式表现，这种文本实际就是指文学文本（literal text），如小说、诗歌等。感染为主的文本（operative text）是指以感染为主要目的的文本，如广告、布告、宣传、营销等文本。赖斯认为，信息文本翻译的首要目的是保证信息的正确性，文学文本关心修辞结构的相应美学效果，而感染文本则要达到原文的目的。赖斯认为不同的文本类型应采用不同的翻译方法。

第一，信息功能文本：译者应该准确、完整地再现原文内容。就风格选择而言，以目的语文化的主导规范为指导。

第二，表达功能文本：译文应传达原文的审美及艺术形式。当两种语言文化规范发生冲突时，以源语文化的主导规范为指导。

第三，感染功能文本：译者以读者的同等反应为原则，在译文读者中创造与原文同等的效果，为此译文与原文可以有内容、形式和风格上的变化。

　　根据文本类型学（text typology）的相关理论，应用翻译主要属于赖斯的信息型文本和感染型文本或纽马克的信息类文本和召唤类文本，而文学翻译则侧重于表情型或表达型文本。

（二）翻译行为理论

　　曼塔利指出"翻译是一种用于达到特别目的的复杂行为"。她将翻译和翻译行为区别开来，将翻译放在社会文化语境中，并涵盖了翻译发起者和译者的相互作用和影响，使翻译功能主义翻译目的论又前进了一大步。

　　她认为，翻译不仅是译字、词、句或者文本，而且是一种跨越文化障碍的有意识的合作，这种合作建立在以功能为主的交际之上。作为信息发出者，译者是跨文化交际的信息传递专家。曼塔利将"跨文化交际"称为"合作"，也就是指信息发出者与接收者之间的合作。

　　翻译行为是信息传递的过程，它服务于交际合作的目的。译者是翻译行为的专家，其角色是确保文化转换圆满完成。在目的语文本制作过程中要分析源语文本，目的是弄清其结构和功能特征，其特征可用内容和形式来描述。接收者的需要是目的语文本的决定因素。源语文本中的术语，对于非专业的目的语文本读者有可能需要解释。为保证目的语读者的阅读连贯性，单个术语的翻译需要前后一致。

（三）功能加忠诚理论

　　诺德在曼塔利翻译行为理论的基础上进一步分析了翻译各方参与者的责任，继承了赖斯和弗米尔的功能思想，即翻译的目的决定翻译方法和翻译策略，提出了功能加忠诚理论（function plus loyalty），其中，"功能是指使译文在译语环境下发挥预期作用的因素"；"忠诚是指译者、原文作者、译文读者以及翻译发起者之间的关系"。从翻译的技术角度看，"忠实"是原文文本与译文文本之间的技术关系，而

"忠诚"则是翻译上的一种伦理道义原则。功能加忠诚的原则主要指向的，是译者与翻译参与者之间建立的可信赖的伙伴关系。一方面，信息发送者、接收者、发起人、原文作者、委托人等的意图、合法权益和期待，都可能影响翻译的目的和功能；另一方面，作者（委托人）通常要求忠实于原文，但是，如果委托人相信译者的水平和职业道德，在翻译的过程中，译者即使对原文做出某种改变，委托人也相信译者，这是一种信任感。忠诚概念涉及的是对译者素质的基本要求和译者的社会沟通能力。

译者必须充分考虑翻译参与各方的意见，但是译者有权按照翻译目的自主选择翻译方法，必要时可以忽略原文的某些方面。如果译者对原文的改动不符合译语文化惯例，那么就有责任给予读者解释，而不能欺骗；同样，如果译者的传译有悖于原文传送者的期望，也有责任向原文传送者解释这些变动。功能加忠诚理论提高了译者在翻译过程中的地位，并赋予其更大的自由和广阔的发挥空间。同时，接受者的要求也被视为决定翻译目的和策略的重要标准，凸显接受者的不同需求，突出了译文的有效供应，促进了翻译标准和翻译策略的多元化。功能加忠诚理论认为面对译文读者的多样化，在某些特定的情况下，可以采用翻译、解释甚至改编的策略。

第三节　功能翻译描述与要素表达

一、功能翻译描述

（一）翻译的行为性特征

翻译一旦被赋予"行为"特性，将意味着翻译理论可以置于人类行为理论中来考察，行为理论中的一些参数可以解释翻译行为中的某些方面。人们为了达到一定的目标而采取的行为又可分为言辞（verbal）的和非言辞（non-verbal）的行为。言辞行为可以用语言感化他人、诱惑他人、鼓动他人，可以表达自己的喜怒哀乐，可以发号施令，可以获取对方的感受，可以取得别人的信任。非言辞行为可以用点头表示赞同，用眼神表示欣喜、憎恶、哀愁、委屈，或者采取其他的肢体动作，等等。

人类在生产生活中发生的一切往来都是交际行为，交际的主要工具是语言（言辞行为），利用语言交际又分为：①单语交际；②利用翻译交际。

（1）在单语交际（monolingual act of communication）（图 3-1 和表 3-1）中，信息发送者（sender）和接收者（receiver）在同一文化背景下进行交际，他们的交际建立在符码共享的基础上，信息（message）在传递过程中不存在多少遗失问题，因为他们的认知环境基本相同，说话人对交际对象的认知能力可以做出较为准确的预测，他们的话语可以负载很多的语境信息，话语以外的信息并不必要用明码信息来表达。如说话人尽可以说（encoding）：Self-Employed Upholsterer. Free estimates. 3325862. "Good-bye Emily, good-bye Amy" says Jane Treachery in an article on the new manners. 他的受话对象完全可能对话语以外的信息做出补全（decoding）：The source of advertisement is upholsterer and he or she will provide free estimates of the cost of upholstery work which the reader may need to be done, and his telephone number is 3325862. Books written by Emily and Amy on the refined manners of women are not popular any more. 但作者或说话人在编码时仍然会根据交际对象有目的性、有针对性地选择那些符合其交际意图的信息，并且根据交际对象和交际环境选择那些恰当的语言形式、风格和信息传递方式，而接收者并不是对传递过来的信息照单全收，他们也会有一个选择过程，根据需求或兴趣而选择信息。当然，这一目的并不全是功利性的、实用性的。

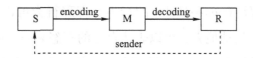

图 3-1　单语交际过程

表 3-1　单语交际和语际交际要素

项目	单语交际	语际交际
发送者	1	2
接收着	1	2
信息	1	1
传输信道	1	1
语码	1	2
情境	1	1

（2）利用翻译交际属于一种特殊类型的言辞交际行为（图 3-2 和表 3-2）。此种交际的理想模式本应如图 3-2 所示，原始信息发出者 S_1 利用语言发送给信息接收者 R_1，当 R_1 有可能变成 S_2 即译者时，译者 S_2 需要对原始信息解码，再用目标语加以编码发送到 R_2。

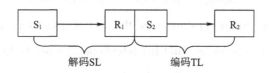

图 3-2　双语交际过程

即使如此，实际运作比图 3-2 要复杂些，信息发送者和信息接收者由一个变为两个，它不是简单的数量的增加，而是存在一个信息的量和质的减损或者增益问题。R_1 一旦变为 S_2，即所谓的译者，如果与 S_1 属于同一语言文化背景，虽然对信息解码的损失较少，但是对于原始信息用另一种语言编码存在一定障碍，这时会造成意义的损失；如果 S_2 与 R_2 的语言文化背景相同，他虽然对原始信息的编码方式具有优势，但对原始信息的解码可能遭遇障碍，产生偏差，这时也会造成意义的损失，或者按自己的理解出现增益。

德国翻译学者威尔斯（Wolfram Wilss）提出的图 3-2 只是提供一种理想的翻译交际模式，它表明译者的行为只是把 S_1 发出的信息通过解码和编码方式原原本本地传递给 R_2，译者充当一个被动的信息搬运工角色。更重要的是，交际中三方一旦有了各自的动机，就会发生异常情况，所以这一模式不利于功能翻译的分析。

（3）翻译一旦赋予了交际人以动机，这种理想的模式就会失去其有效性。作为一种信息传输，译者虽然参与了解码和编码两种行为，但其行为目的并不一定与原始信息发送者 S_1 和最终接收者 R_2 的动机和需求重合。特别是在书面交际中，S_1 很少考虑到他的文字会传递到另一语言文化中的 R_2，这时，R_2 需要什么样的信息、以什么样的方式来传输他的信息，S_1 并不在意，甚至并不知晓，这时译者 S_2 真正要面对和关心的是 R_2 或者翻译委托人，也就是说，R_2 需要什么样的信息，以什么样的方式来传输 S_1 的信息，是根据 S_2 的判断或者委托人的要求来决定的。当然，S_1 与 S_2，R_2 与 S_2 意图有统一的时候，如 R_2 对 S_1 传输信息的选择和方式有特别的规定时，S_2 需要对 R_2 负责，而 S_1 只提供信息来源；同样，如果 S_1 有类似要求，S_2 也需对 S_1 负责。

（4）我们再来分析威尔斯的表格（表 3-2），在单语交际中他列明了信息发送者、信息接收者、信息、传输信道、语码、情境都只有一个，这些并不存在异议，也不是我们关心的问题。在有译者参与的双语交际中，他认为只有一种信息（message）、一个信息传输通道（channel）、一个交际情境（situation）。但是，只要图 3-2 中的译者 S_2 和终端接收者 R_2 具有目的性，译者 S_2 完全有可能对原始信息给予增加或减少，译者 S_2 完全可以根据自身的目的和 R_2 的需求，采用另一种信息传输通道，例如，把某一产品的使用说明采用夸张的广告语形式，利用当代语言和审美趣味对经典作品进行改造，小说改编为剧本，翻译采用的传输信道常会和原信道相异。威尔斯认为双语交际中的场景只有一个，他只考虑到口译中的三方在场的情境（situation），但是文字翻译必须针对处在另一文化环境中的接受者，他们在自身文化中的经历、习得的学识、宗教信仰与 S_1 所针对的情境迥然有别．即使在口译中也会对同一信息产生不同的理解。

因此，在功能翻译的视域中，我们需要对表 3-1 做出如下修正（表 3-2）。

表 3-2　修改后的语际交际要素

项目	单语交际	语际交际
发送者	1	2
接收者	1	2
信息	1	1/1 + /1 -
传输信道	1	1/2
语码	1	2
情境	1	2

而根据克里斯蒂安·诺德的理解，翻译行为受控于人类总的行为，其下的翻译行为囊括的范围更为宽广，无源语文本的跨文化咨询和跨文化技术写作也收罗其中，翻译的行为特征非常明显，它是人类一种有意识、有目的、人与人之间的交际行为。但是，对有源语文本的翻译行为没有进一步分解，以上分析可以看作翻译行为的补充。

（二）翻译的目的优先原则

传统翻译观要求译者对原作忠实、对原作者敬畏，在源语和目的语之间取得最大限度的形式、内容对等，但功能翻译观的最高原则是目的性原则，即翻译形式是由翻译目的决定，目的决定翻译手段。

韦米尔的这段话解决了长期以来围绕语言、文本所争论的"自由翻译对忠实翻译"直译对意译""动态对等对形式对等"等诸多问题。它意味着某一特定的翻译任务可能需要自由式翻译或忠实对应翻译，或者处于两者的中间地带，这一切从原文本身都是无法解决的，只能根据委托人、读者、使用者的需求而定，根据翻译目的而确定。

一般来说，翻译行为的直接产物是语言（书面文字或口头语），交际对象是以视觉或听觉来接受译品。因此，译者在组织文本和话语时，需顺应和方便接收者。如此，交际功效的实现依赖语言的表达。为了达到有效的交际目的，任何话语都必须以接受者（听众、读者）为出发点，向目的语读者靠拢。这就意味着必须采取目的语读者习惯的表达方式传达原文的内容，译文尽量符合目的语规范和风格，淡化源语文化色彩，直接、明白、晓畅，从而减少接收者的认知负荷，缩短领悟时间，增加信息的传播速度。但是，承认译文接受者或使用者是目标文本的决定因素，并没有排除直译和逐字逐句翻译的可能性，并不是一味地强调译文非得屈从目标文化的规范和语言形式，在很多情况下，直译恰好是目标读者或使用者所需要的。例如，有人想读原文作品，又希望有译文对照，这种译文就要尽量接近原文，才会对读者有所帮助。哈佛大学出版的洛伯文库（Loeb Library）以希腊拉丁文古典著作和英文译文对照就是一种。总之，因目的不同，译文可以有不同的种类。文学名著因时代不同而有不同的译本适应不同时代的需要，如《荷马史诗》的英译本就有 17 世纪的、18 世纪的、19 世纪的和 20 世纪的，而且即使在同一世纪还有不同的译本。因此，译者根据使用者的实际需要，原原本本地再现原文的语言风格、格式和内容也是功能翻译的一种手段，因为它满足了特定人群的实际需求。

在当代翻译研究中，各流派对翻译有着不同的认识，也试图设定自身的研究范围。语言学派认为翻译是符号的转换，可以对两种语言的结构进行客观的描述和解构，结构和意义可以产生部分对等和完全对等，翻译是科学。文艺学派认为翻译是审美和创造美的艺术，翻译有对意义进行诠释的自由，有艺术再创造的自由。认知论者认为翻译是一种思维活动，译文是认知活动的产物。交际论者认为翻译是一种信息转移，翻译是一种文化交流活动。

而功能派认为，翻译是把源语文本生成功能性目的语文本的过程，其中源语文本是按照目的语文本的意向或需求功能（翻译目的）确定的。如同物种的移植一样，想把热带的棕榈移植到亚热带的丘陵，土壤变了，气候变了，最终不适宜此物种的生存。同理，一种文化，一种语言结构移植到另一种文化环境后，如果没有生存的空间，就没有引介的必要，即使引进最终也会遭遇淘汰；又如进口国外产品，某一产品本来针对某一区域的消费者，如西方人的西装和款式未必适合国人，如果要进口到中国市场，就必须根据中国人的身材来减缩，将审美趣味加以改良。同理，在翻译中必须对移植的文化加以改良才适合中国的国情。在德国功能派看来，翻译是一种交际行为，行为具有强烈的目的性；翻译着眼于目标文本的功能，不是束缚于源语文本的规定；文本作为周围世界的一分子对世界产生能动作用，不是一个静止的、孤立的语言标本；翻译是一种人际互动行为，文本外很多因素决定着翻译策略的选择，翻译是一种目的性行为，目的预设了交际主体人的意图，翻译目的是帮助实现这种意图；目的具有层级性、渐序性、复杂性、言内目的和言外目的的统一性。译者作为实现交际目的的中间人，虽然需按照交际主体的意愿从事翻译活动，但这种活动不是被动的服从过程，而是通过人际间的磋商，充分了解各种主客观因素之后，采取一系列策略来实现交际主体人目的的行为过程。由此剥夺了源语文本的权威地位（dethroning of the source text），因为源语文本和目标语文本针对两类不同文化形态的接受者，接受者在各自的文化环境和物理环境中形成的价值观念、生活方式、宗教信仰不尽相同。

二、功能翻译的要素表达

（一）源语文本的地位及特点

传统视域认为原作被赋予很高的地位，它的作品主题、风格甚至语言形式容不得半点变易，"在以往的研究和思考中，我们常有一种倾向，即从静态意义上对译作和原作逐行比照来确定译作对原作的忠实程度，且以忠实程度来确定一部译作的价值。"尽管"忠实"作为衡量译作的首要标准，但是阐释学原理说明纯粹的原作很难在译作中保留。

译者对原文进行解读时，总会以从前的经验先入为主，会不由自主地或有意识地物化自己固有的审美情趣和审美理想，译者之思想情感由原文这个"物"所激发，进入译者视野之原文并非原作者之文，此时之文已被译者阐释、放大，或者以自己的知识结构和生活经验对其"空白"加以填补和修正，涂抹了浓重的主观色彩，原文总是在不断地被改写和重建。因此，译者每次阅读和翻译都改变了原作，译作在语言风格、思想内容和情感的传达等方面并非是真正的原作。文化操控派认为翻译是以本土文化价值为取向对源语文本进行的一种粗暴置换和改写，因而它在很大程度上"消解""压制"并"同化"了源语文本，真正的原文不复存在。事实上，源语文本在译语文化中的存在形式取决于译者所处时代的文化、译者的态度、翻译策略、翻译方法、翻译目的等一系列因素。

源语文本在功能视角下地位发生了改变，它在翻译中具有很大的伸缩度，译者可以根据目标语境对源语文本类型、原文内容、语言风格加以重新构建。在文学翻译中，大多数时候，译文恰恰是原文语言、风格、内容的真实再现，所以对原文的依赖程度非常高；而另一些场合，翻译发起者根据目标语境，需要对原文进行一系列非常规处理，译本最终以编译本、简写本、注释本等面目出现，这时的原文是构成目标文本功能的基础。因此，对源语文本的分析能指导翻译过程，提供决策依据。

(二)原文作者的定位

1. 本族文化读者

通常来说，原文作者将自己的阅读对象定位于本族文化的读者，文本作者写作时，很少考虑他的作品将会用于翻译。当他不考虑自身文化以外的读者时，他必然按照自身语言的惯常风格和措辞，忘乎所以地尽设玄机达到某种表达效果。文本作者预设的读者与他有着相同的语言文化背景，可以轻易理解他的话语。作者可以将这些文化信息隐含于语言技巧中，其话语小于文化信息，语言只是一个刺激信号，语表意义常常丢失。在文学作品中，如小说、诗歌、散文、戏剧，作者如果过多地考虑另一文化的读者，就无法大胆地施展其语言技巧，无法取得本族语言读者期望的效果。

就中国传统诗学而言，意欲追求"含不尽之意于言外""言有尽而意无穷"的艺术境界，很多意境无意写情，却愁肠百结、情满意浓。例如在"寒蝉凄切，对长亭晚，骤雨初歇。都门帐饮无绪，方留恋处、兰舟催发。执手相看泪眼，竟无语凝噎。念去去、千里烟波，暮霭沉沉楚天阔"这首词中，北宋词人柳永用了"点染"的手法，对"离愁"的描述只有"执手相看泪眼，竟无语凝噎"，而大部分为景物渲染，烘托所点明的感情，似乎景物也感染了人的愁绪。只有理解这一诗学传统的读者才能产生强烈共鸣，获得审美体验，作者的艺术创作才能传情，才能体现出它的艺术价值和美学价值。"江雨霏霏江草齐，六朝如梦鸟空啼。无情最是台城柳，依旧烟笼十里堤。"这首诗歌渲染了一种如梦似幻、依稀朦胧的艺术氛围，诗人赋予了其人感情的同时，以堤柳之"无情"反衬诗人之"有情"，表达了诗人怀古伤今之情。如果他的读者对中国文化厚重的历史感缺乏理解，那么也就很难理解诗人之情了。

原文作者利用自身的语言特性，运用仿拟、绕口令、回文、谜语、幽默和俏皮话等形式进行创作，但这种文化一旦移易到另一种文化中，其效果会大打折扣，甚至完全消失。Three elderly men traveled by train in England. As the train slowed for a stop, the first man asked, "Is this Wembley?" "No," said the second, "It's Thursday." "So am I," said the third man. "Let's stop for a beer." 这个笑话的俏皮之处在于利用

了近似的发音。我们知道上了年纪的人耳朵有点背，因此把 Wembley 误听成 Wednesday，把 Thursday 误听成 thirsty，这样一来就为第三位的妙语做了铺垫：这种靠语言本身的特性产生的幽默只有懂得这种语言的人才能欣赏。

原文作者会用语言修辞所产生的音韵美、和谐美等来取悦本族语读者。在"长桥卧波，未云何龙？复道行空，不霁何虹？高低冥迷，不知西东。歌台暖响，春光融融；舞殿冷袖，风雨凄凄。一日之内，一宫之间，而气候不齐"这篇赋中，"凄""齐"属于细微的一七韵，表达悲凉苦闷的心境，体现婉约的风格，"龙""空""虹""东""融"属于洪亮的中东韵，表达赞美欢快的感情，呈现雄劲的格调。这样的格调不仅使语音更有变化、格调的音乐美波澜起伏，而且写出了"暖"的"春光"与"冷"的"风雨"两种不同的景象，表现出一日之内、一宫之人的不同遭遇。这种和谐美、音韵美及其带来的情感变化无法转移到另一种语言中去，即使勉强为之，另一文化的读者也无法欣赏到这一美学效果。

就文学作品而言（如小说、诗歌、散文、戏剧等），其美学效果、欣赏价值更离不开语言风格和修辞手段的运用，所以语言形式、语言创造的形象和意境重于信息的传达。语言形式和它的意义是一个整体。"作品的艺术意象所展现的美感，或有形或无形，或体现在具体的词、句上，或蕴含在特定的整体中。"更高级文学作品的作者可以在文本里布下迷阵，让读者去解读和想象，获取文字以外的意义，在此作者根本无法顾及另一文化环境中的读者。詹姆斯·乔伊斯（James Joyce）的《尤利西斯》就把语言运用到极致，让思维超时空地投射，充满随意性、横向性、无限性甚至无理据的状态。这部作品充满了歧义和非传统的意义，翻译此类作品译者就是在颠覆目标语文化，就像原作试图颠覆源语文化中的标准语言和世俗观念。

All kinds of places are good for ads. The quack doc for the clap used to be stuck up in all the greenhouses … Just the place too. POST NO

BILLS. POST 110 PILLS. Some chap with a dose burning him.

小说主人公站在利菲河桥上看到河里泊着一条船，船上立着一块广告牌随波晃动，觉得广告效果不错，进而产生意识流，联想到"绿房子"（公厕）上那些招贴，脑中也浮现出那一行禁止胡乱张贴的命令"POST NO BILLS"，后来有人把 N 中的一斜杠擦掉，变成了"110颗药丸"。小说主人公的联想再联想，对于另一文化读者群来说只能是"望文兴叹"，难以解读，也给译者留下了阐释的余地。

在语言方面，原文作者创作是针对同一文化背景的读者，他会千方百计地发挥自身语言的种种潜能，以满足读者的阅读期待。在文化方面，写作发生在一定的时代和一定的文化背景，原作的主题在另一个时代或者另一个文化语境可能已经失去意义。

在功能的视角中，以上几种情形的出现，尽管原作可以是全译中的完整译本，让读者细细鉴赏原作的语言艺术和原汁原味的域外文化，但很可能是翻译的一种摹本，或者为译者改编的对象，如高雅、严肃的文学作品改编为通俗本，或者为阐释、注释的对象，或者为语言模仿的范本，在这种情形下，原作只是被利用、被加工、被改造的对象，处在文化产品的最上游，好比初始产品。

2. 目标文化读者

原文作者针对目标文化读者主要分为两种情形，第一种情形是即使作者知道自己的文字可能被译成其他语言，他仍会按照本族语的风格、思维方式来架构语篇，加入很多惯用的表达方式，使译者在翻译时不得不采用改写的方法，如下面一段论文摘要：

"学富五车，痴书成嗜，这是教授的学问。立论镌着，学似江流，这是教授的本领。桀骜不驯，献身真理，这是教授的品格。桃李飘香，芬芳天下，这是教授的功业。教授总是将'学习''授业'联在一起，绝不将'产业''经营'捏在一块，教授走进高科技园办公司，与教授'卖烧饼'在本质上没有什么区别，只是烧饼生产由手工作坊扩大为自动化生产流水线的现代化企业罢了。研究生是完成本科专业学习后继续接受学位教育的佼佼者。具有科研或专业技术工作的独立能力是他的重要本领。列宁的'宁肯少些，但要好些'的经典命题，是照耀我们办好研究生教育的思想明灯。师范教育以'明体达用，勤学善诲'为培养目标。师范教育不可非，师范教育不可废。"① 作者在文内倾向于骈偶和排比，是中国文人喜用的一种修辞，语气恢宏，音韵和谐，铿锵有力，富于节奏感。他只考虑他的行文风格、学辞会引起本族语读者的兴趣，最大限度地显露他的语言技巧，他根本不会想到这样的摘要翻译后根本不是摘要了。

原文意图和译文意图在实用文本翻译中很可能相互冲突。如旅游文本，旅游部门一开始就会邀请那些有文字功底的人构思文本，而在他们的意识中，自己的文字就是针对国内的旅游者，他们非常在意文字的美学风格，极尽传统美学意识，四字格、偶句、声韵对仗，名句引用，显示厚重的历史。文字巧丽，大肆渲染，主观色彩浓厚。而译者目的是给外籍旅游者提供旅游点的历史、文化信息、实用信息、生活信息，不是文字的优雅巧丽和韵味。拿"木兰围场气候独特，这里'三庚无暑，六月生风'，盛夏最高气温不超过25℃，空气清新，各种野花在弥漫着烧烤羊肉香味的草原上争妍斗奇、千姿百态、竞相开放；八月金秋，红叶满山，霜林叠翠，远山披金；冬季，冰雪世界，银装素裹，为人们提供了远离城市的喧嚣的滑雪场所"这段话来说，文中的"争妍斗奇、千姿百态、竞相开放；八月金秋，红叶满山，霜林叠翠，远山披金；冰雪世界，银装素裹"，是用传统语言形式加以渲染，中国人觉得没有什么不妥，反而有神有韵、有意有景，但对于外籍读者则意义不大。

总之，原文作者在构思和起草文本时，在语言风格、文本类型、文化信息和意义的承载方式上不会考虑另一文化这个局外人。

第二种情形是类似于一些说明书、旅游、服务指南、宣传材料等

---

① 周红民．论文标题和摘要翻译小议［J］．南京晓庄学院学报，2008（4）．

实用文本，起草者会在文中把预设、蕴含、因果、时间顺序、推理等赋予语表，用词、句法结构浅显，将意图和信息清清楚楚、明明白白地传递给读者或使用者，便于他们理解、获取文内信息。下面这段文字来自英国某所大学的招生宣传，他们为了让海外的学生（通常是那些非英语国家）能清楚明白地获取文内信息，使用的语言浅白、清晰易懂，不是用于翻译，而是针对能读懂原文的、有一定英语水平的海外学生。

Frequently Asked Questions?

Applicant Code? Your offer letter carries an applicant code which is unique to you. To help us to respond quickly please quote this number on all correspondence. At registration you will be allocated a student number which you will use throughout your programme.

Formal offer and Acceptance. The letter received from the Admissions officer is the University's formal offer of a place. Please let us know in writing whether you wish to take up that place to ensure mat we have a registration Pack awaiting your arrival. Please note that due to the volume of our correspondence, we don't acknowledge receipt of the acceptance unless specifically asked to.

Where will I Study? The University of Hull has two campuses, one each in Hull and Scarborough. The majority of postgraduates are based in Hull but certain subject areas are located in Scarborough (in Particular Internet Computing, Fine Art, Dance, Creative Music Technology, MA English "Identities"). Please contact the Admissions office if you are uncertain where you will be based.

上面这所大学在招生简章中体现了处处为申请人着想的原则，对申请可能遇到的问题做了预测，采用题头提问的形式一一做出解答，唯恐出现遗漏，其用词浅显，句式平实，没有修辞手段，以免妨碍信息的畅达。信息饱满、清晰、明了、准确。在产品说明书中，起草人为了让用户弄懂产品的操作程序或保养方法，文本传递的信息量也十分饱满，不会出现信息或关联断点，而是条理清晰、逻辑性强。例如，下面是雅马哈 N5 - 50 扬声器连接说明：

Procedures：

（1）Press the tab on the terminal down, as shown in the figure.

（2）Insert the bare speaker wire end properly into the terminal hole.

（3）Remove your finger from the tab to allow it to lock snugly on the cable's wire end.

（4）Test the security of the connection by tugging lightly on the cable at the terminal.

NOTE：Don't let the bare speaker wires touch each other as this could damage the speaker and/or the amplifier.

此产品说明书中，一个步骤接一个步骤，把扬声器的接线方法交代得十分清楚，而且最后还有提醒注意事项，"不要将裸露的金属线相互接触，以免烧坏音响和功放"。这本是一件最普通的常识，体现了文本起草人处处为使用者着想，连使用者已知的信息也不遗漏。非英语国家的生产厂商为了把产品打入国际市场，常常以英语起草产品说明书、设备安装工序、保养维修知识。由于文本起草人的语言水平良莠不齐，就会给译者留下很大的校正空间，译者在翻译时有权利和义务予以纠正。

（三）译者的作用与任务

1. 认知作用

在认知阶段，译者的阅读与一般性阅读并无本质区别，需要充分调动大脑中的百科知识。百科知识在阅读前就存在于文本阅读者的大脑之中，文本的某一成分出现时，它们便调动起来理解其意义。因此，译者在翻译时并非仅仅启用语言知识，语言外知识也随时被调用。知识参与是隐性的、潜伏性的，文字描绘的世界随时会引发译者先前的知识储备。在这个意义上，译语文本是译者认知活动的产物。像其他任何认知活动一样，译者知识储备越丰富，对文本的理解、翻译决策的确定就越发有利。除了有意积累域外文化知识，译者的知识和经验积累过程与他人并无二致。首先，译者像其他任何人一样，他会根据以往的经验和记忆来理解和判断新事物，新事物之于旧事物，就像旧事物的再现和延续，当然记忆不只是对经验的简单记录，它还会根据已知和行为目的制订下一步计划，组织文本意义。

2. 阐释作用

认知是任何翻译形态都必须经历的大脑运作过程，阐释是认知的结果。在功能视域下，译者阐释的重要性远远大于忠实于原作的翻译。为了使目标读者更轻松顺畅地理解译文，译者需要用阐释的方法扫清语言文化障碍，将自己对原文的理解以晓畅、明白的语言传递给读者，所以译者首先表现为阐释者。

在一般性的阅读中，读者也需要认知的参与，阐释不一定非得用文字表现出来，即阐释与认知合二为一共同作用于文本的阅读与理解。但是在翻译中，阅读与认知是阐释的基础，阐释必须在译文中有所表现。

3. 译者的任务

译者在功能翻译视角下是翻译行为的专家，须确保完成翻译任务，确保翻译行为产生良好的效果，即使文字编排、颜色搭配、纸张厚薄等文字之外的事务，也需要与委托人沟通协商。译者接受了源语文本和翻译要求，在和委托人达成一致的意见以后，译者翻译他们认为能发挥功用的目标文本。根据功能派人物弗米尔的理论，译者的任务为：

（1）从法律、经济、意识形态等角度来分析翻译要求的可接受性和合理性。

（2）检查翻译文本是否真正需要。

（3）确定完成翻译要求所需要的活动。

（4）着手翻译，其结果可能是对源语文本进行全译、摘译或概要式翻译，在有些情况下建议客户不要将源语文本译出，因为翻译达不到设定的目的。

（四）显化译文的种类

显化译文与认知意义赋予译文表层属于同一性质。译者总希望他的译文符合目标语文化的审美规范，特别是实用文本的翻译，让读者无认知障碍，获得明确清朗的信息。为了使翻译中的认知、阐释过程更为完整，可以将之看作一个延续加以探讨。显化译文分为强制显化、非强制性显化及语用显化。

语用显化是对原文隐含的文化信息显化，它是两种文化间的差异造成的。目标文化中的读者可能对源语文化中读者所拥有的普通常识不甚了解，在此，译者通常需要在译文中做出解释，如源语中含有源语读者熟知的河流、食物名称，但对目标语读者会造成认知障碍，如译者需要把"Maros"写成"马罗斯河"。

（五）功能翻译中的文本处理

在功能翻译中，翻译过程是"由整体到局部"（top-down）的处理过程，全局法步骤是从语用层次着眼，先要确定翻译文本所要服务的功能，即译文阅读者、译文使用对象、使用场合、译文使用的中介方式等；确定是纪录型翻译还是工具型翻译、要复制原文功能要素还是将原文的功能要素进行改写。不可译不再是译者不可逾越的障碍，因为从表面上看，某个修辞是不可译的，但是可以用服务于同一种目的的另一种修辞手段替代，只要能保证功能的实现，即使省去某个部分不译也是说得过去的。"整体－局部"的处理过程主要包括以下三种手段。

内容整合：根据目标文化接受者的需要，对原文内容进行整合，该删的就删掉，该增补的就增补，这些在翻译前就必须做出决定。如果不对原文内容进行适当处理，一路照译下去，到头来会事与愿违，费力不讨好，该让读者知道的信息不明确，读者不想知道的内容却废话连篇。

语言整合：在尊重原文主要信息、充分领会原文精神的前提下，根据目标接受者的心理习惯，对原文进行语言处理，包括风格、文体、篇章等。时政、新闻、宣传等材料的翻译尤为如此。例如，新闻采访中的电视字幕翻译，由于被采访对象的话语是即兴说出的，其条理、思路、用词不像书面语那样经过深思熟虑，译者必须对文稿加以处理，进行调整、增删、编辑、加工等，从词句到风格、从局部到整体都要灵活变通。

译文综合分析：译文完成以后，译者要确定是否能被读者理解、理解是否困难，要确保译文不带有译出语的结构和形式，即所谓的翻译腔。译文能否对使用者在实际交际场合产生作用、能否产生他们想要的那种作用。译文的综合分析旨在把译文与译入语世界结合起来确定译文的功能取向。

（六）译文读者的分类

对译文读者的划分必须以当下的文化层次和读者的需求为依据，译文读者是整个阅读群体中的一个类别，内嵌在整体阅读行为之中，或者是整体阅读的衍生和延伸，阅读群体在某一时代所表现出来的价值取向是审定译文读者的基础。译文读者可分为专业读者、普通读者及实用的读者和实用文本读者（表3-3）。

表3-3　译文读者的分类及含义

类别		含义	特点
专业读者	顶尖读者	比照原作阅读翻译作品的读者，是翻译作品最尖端的读者。他们有一定的语言文学功底和翻译经验，能够掂量出译作的优劣，能够逐一说出个子丑寅卯。他们目光犀利，带着批判意识对译作予以评判。不过这类读者的数量极其有限，一般为专事翻译的学者、大学翻译教师、译著编辑，他们阅读的目的不是为了消遣，而是出于各种"专业目的"	这类读者必须非常专业，言说须有理有据，不然会给其他评者留下口实，落为笑谈
	研究教学工作者	专事外国文学研究和教学工作者。这类读者并非对照原作来看译品的好歹，而是就着已经出版的译著来研读某些章节。其目的也非常专业，大多就其主题、艺术特色、写作手法、与其他作品的关联性、时代意义等撰写文学评论	这类读者通过深度阅读，挖掘作品的含义、作鞭辟入里的思考。但他们对翻译并不关心，如谁翻译的、译品是否权威、译文细节是否真实、风格是否为原文的再现、语言是否精彩等，看懂了，摄取评论所需的东西就行了
普通读者		普通读者指那些参与文化阅读的芸芸众生、社会大众，他们没有专业背景、专业目的，其阅读行为是随意而发、无针对性的，只要引发兴趣和好奇心，任何读物都可以纳入阅读范围	这类读者倾向于加工过的文学经典，节选本、改编本、缩写本、简写本、注释本。此类文本往往难与正宗的翻译扯上关系，即我们无法判定到底是出自原著，还是出自全译本的改写

类别	含义	特点
实用的读者和实用文本读者	实用的读者与文学和文化类读者是不同的。后者的目的不是那么明确、直接和实用，如果他们阅读是为着专业目的、消遣或了解异域文化、陶冶情操、提升审美、加强文学素养，那么实用的读者具有较强的功利性	如果翻译对另一文化背景读者的生活没有任何价值、指导意义，那么翻译就没有发挥应有的功能
	实用文本首先针对的是文本的使用者，使用者为了解决身边的实际问题，其目的比实用的读者更为迫切，意在当下而阅读文本	对于实用文体翻译而言，译文的读者就是译文的使用者、受益者。如果译语文本达不到使用者的目的，它们可以被视为失误或失败的翻译

第四节　基于功能翻译目的论的应用文本翻译策略

目的论把原文只是看作"提供信息的源泉"（offer of information）。翻译的目的是通过发起人指派的"任务"（commission）确定的，必要时译者也可以调整目的。目的论还有另外两个准则：一致准则（coherence rule）和忠信准则（fidelity rule）。

翻译策略则是从事这种活动的具体手段和方法。由于话题和目的不同，应用类文体所使用的语言和整体风格不同，因此很难给应用类文体一个确定的翻译模式。但是，应用类文体有着一些语言和格式上的相同点和共性，所以还是能根据这些共性提出一些应用文翻译的基本原则和方法。

从翻译实践上看，翻译之所以可能，是由于各民族的语言之间存在一些共性，但语言之间的差异又给翻译造成了很多困难。英语和汉语两种语言不仅在语言上存在差异，两种语言的使用者在思维、认知、文化以及价值观念上也存在差异，这些差异通常会在词汇、句法、语篇层次上表现出来。通过英汉两种语言的对比分析，我们能够了解英汉两种语言各自的特征，以便在应用文体翻译中更好地理解原文，并在译文中恰当表达。

根据译者在翻译活动中对原文作者和译文接受者的不同取向，德国哲学家、神学家、著名翻译家施莱尔马赫（Friedrich Schleiermacher）提出了异化（foreignization）和归化（domestication）两种翻译策略。

一、异化策略

异化的本质属性是"原文作者取向"，即译者在翻译过程中尽量向原文作者靠拢，"把读者带向原作者"。具体表现在翻译中，就是尽量保留原文的语言、文学、文化特质，保留异国风味。异化策略的缺陷主要体现在译文的可读性上，即译文可能会生硬，不够地道自然，并因此影响译文在目的语接受者中的传播。

异化翻译除对各民族间的文化交流有着巨大的推动作用外，它还对丰富各民族语言有着不可忽视的影响。现在耳熟能详的一些惯用法从英语译入时采用了异化翻译策略，如 crocodile tears（鳄鱼的眼泪）、hold out the olive branch（伸出橄榄枝）、teeth for teeth（以牙还牙）等。从西方来的食品饮料，如 hamburger（汉堡包）、hot dog（热狗）、pizza（比萨）、champagne（香槟）、brandy（白兰地）、Coca Cola（可口可乐）等，都是采取异化翻译策略。中国的食物英译的时候大多采取异化翻译策略，具有中国特色且被外国人接受的菜名，使用方言来拼写或音译拼写，如东坡肉（braised Dongpo pork）、饺子（jiaozi）、豆腐（toufu）、馄饨（wonton）等。中国传统典籍《易经》里出现的词，也用拼音直接译成英语，如风水（fengshui）、阴阳（yin and yang）、八卦（bagua）等。还有从汉语借用的英语词，如 kungfu（功夫）、kowtow（磕头）、mahjong（麻将）、qipao（旗袍）、oolong（乌龙茶）、long time no see（好久不见）等，这些都反映了中华文化在世界上的传播和影响。

例：Chinese martial arts such as tai chi and qi gong place emphasis on breathing.（中国的武术如太极、气功等，都强调配合呼吸来发展完成。）

武术、太极、气功这些词汇是中国传统文化中独有的，翻译时使用异化策略直接采取汉语拼音进行音译，更有利于传播中国武术文化。

二、归化策略

与"异化"相对应，"归化"的本质属性是"译文接受者取向"，具体表现在翻译中，就是尽量用目的语读者喜闻乐见的语言、文学、文化要素来替换源语的语言、文学和文化规范。

归化策略的优势表现在译文流畅地道，通俗易懂，容易被目的语接受者所接受；或顺应、满足目的语读者某些特定的需求。中国食物英译时有时也采取归化的翻译方法，如五香牛肉（spicy roast beef）、馒头（steamed bread）、夫妻肺片（pork lungs in chili sauces）等。

例1：If the public officials of higher authorities resort to bribery, those of lower authorities will follow. This is called "Fish begins to stink at the head."（如果上级公务员行贿受贿，下级公务员也会效仿。这叫"上梁不正下梁歪"。）

"Fish begins to stink at the head"本意是"鱼从鱼头开始臭"。译成汉语时如果直译，国人就会摸不着头脑，不知道是什么意思，用汉语固有的表达法"上梁不正下梁歪"则恰如其分，明了易懂。

例2：绿水青山就是金山银山。（Lucid waters and lush mountains are invaluable assets.）

这句话在翻译时采用了归化翻译策略。没有把金山、银山翻译成golden and silver mountains，而是按照英语的语言习惯，译成invaluable assets。

尽管中西方翻译中存在归化和异化翻译这两种相反的策略，但是在文化翻译中，归化和异化都起着不可或缺的作用，两者不能相互替代。若这两种翻译方法有机结合，协调运用，则相得益彰，既能加速跨文化交际，也能消除读者阅读和理解上的困难，还能使读者充分领略其他民族独特的文化风采。

例1：我们要牢记为中国人民和中华民族做出贡献的前辈们，不忘初心，继续前进。（习近平2017年新年贺词）

译文1：We will remember those pioneers who have made contributions to the people of China and all ethnic Chinese. We should not forget the original aspiration and will carry on. （CCTV 译文）

译文2：We will always cherish the memory of the forefathers who have made great contributions to the Chinese people and the Chinese nation. We will remain committed to our mission, and continue to forgeahead. （CRI 译文）

译文1是中央电视台实时英文字幕，因为要传递原汁原味的语言，尽可能跟中文语序一致，所以免不了拘泥于中文的表达方式，采用的是异化策略。译文2是中国国际广播电台的译文，因为是面向全球广播，译者采用了归化处理方式，译文更符合英语规范。

例2：（鲁迅纪念馆）对外开放场所包括鲁迅故居、百草园、三味书屋、鲁迅祖居和鲁迅生平事迹陈列厅。

译文1：Open to visitors are：LuXun's Former Residence, Baicao Garden, Sanwei Study, his Ancestral Residence and the Exhibition Hall.

译文2：Open to visitors are：LuXun's Former Residence, Hundred-Plant Garden, Three-flavor Study, his Ancestral Residence and the Exhibition Hall.

译文3：Open to visitors are：LuXun's Former Residence, Baicao Garden（a waste vegetable plot that made a paradise for little LuXun），

Sanwei Study (literally three-flavor study, Shaoxing's most widely known and influential private school in those days, where young LuXun studied classics for about five years), his Ancestral Residence and the Exhibition Hall.

译文 1 中,"百草园"和"三味书屋"采用了中国地名标准的翻译方式——音译加直译的方法,是典型的异化策略,旨在保留源语民族民间文化元素的原汁原味,然而 Baicao 和 Sanwei 这两个词在外国游客看来似乎只是地名而已,没有任何意义可言,在旅游资料中这样翻译,达不到旅游资料信息性、召唤性、劝诱性等目的。译文 2 采用了归化法,把"百草园"译作"Hundred-Plant Garden","三味书屋"译作"Three-Flavor Study"。英语读者由此很容易想到一个各种草木丛生的园子和三种风味的书屋,但是这与作者的本意有很大出入,也就是说没有忠实地传达源语的信息。鲁迅在《从百草园到三味书屋》一文中称百草园为"荒园","其中似乎确凿只有一些野草;但那时却是我的乐园"。三味书屋是"当时绍兴城最著名、最权威的私塾"。译文 3 采用异化和归化相结合的方式,将"百草园"和"三味书屋"进行异化处理,按拼音直接翻译,然后在后面进一步解释。

在异化和归化策略的指导下,我们可以采取各种翻译策略:零翻译、直译、意译、音译、音意结合、压缩或删减、增补与阐释、编译等。

三、其他策略

(一)零翻译

零翻译(zero translation)即不进行任何翻译操作,直接把源语的某些成分引入目的语中。一些跨国公司的商标在国际市场上具有较高的认可度和知名度,且其商标名称通俗易懂,简单易记,进入中国市场时往往不用翻译,如 MSN(Microsoft Service Network)、IBM(International Business Machine）、CD（Christian Dior）、LV（Louis Vuitton）、iPad、iPhone、iPod、iWatch 等。

（二）直译

直译（literal translation），它是比较普遍的翻译方法，英文原文结构若接近汉语，译文又符合汉语语法修辞习惯，就可以选择直译。这时直译既忠实于原文内容，又符合原文表达形式。例如，汉语中的"纸老虎"直译成"paper tiger"，外国人看起来不但深明其义，而且觉得很是传神，现已成为正式的英美民族语言。很多源语商标名称通过直译在译语中产生了对等效果，如白猫（white Cat）、扇牌（Fan）、红旗（Red Flag）、新东方（New Oriental）、Facebook（脸书）、Beatles（甲壳虫）、Blackberry（黑莓）、Microsoft（微软）、Concorde（协和）等。

例 1：Good teeth，Good health.（Colgate）（牙齿好，身体就好。）

这是一则高露洁牙膏的广告，译文从内容和形式上保留了原文简洁、押韵、对仗工整的特点，清楚呈现出原广告语的含义。

例 2：A copy at hand，viewing the whole world.（一册在手，纵览全球。）

这是环球杂志的广告，用直译法进行翻译，简洁明了，特点突出。

例 3：According to the fuel energy they use，the internal combustion engines can also be classified as gasoline engines，kerosene engines，diesel engines and LP-gasengines.（根据内燃机所用的燃料能源，内燃发动机也可归类分为汽油发动机、煤油发动机、柴油发动机以及液化石油气发动机。）

在科技英语的翻译中，一般采取直译法翻译，即根据原词的实际含义译成对应的汉语术语。

（三）意译

意译（free translation），意译则是从意义出发，只需要将原文所要传递的意思通过目的语表达出来，不拘泥于原文的用词、句法、比喻等。意译不要求"形似"，而要求"传神"。意译就是建立在充分理解原文句子基础之上，把握其准确意思，结合译语文化传统而进行表达的。

例：It's finger-licking good.（吮指回味，其乐无穷。）

这是肯德基（KFC）的广告，采用意译法，用"吮指"这一举动，强调食品美味诱人。

（四）音译

音译（transliteration），当源语和目的语之间差异很大，存在语义空白的情况下，翻译不可能直接从形式或语义入手，此时音译是主要的翻译手段。音译的对象主要是人名、地名和新产生的术语、商标名等。考虑到译名的规范化和通用性，用词要大众化，读音应以普通话的语音为标准。

目前，我国还没有相关的"术语汉字译写"专门标准。中文商标英译时一般采用对应的汉语拼音，如娃哈哈（Wahaha）、海尔（Hai-er）、李宁（Lining）、长虹（Changhong）、苏宁（Suning）、阿里巴巴（Alibaba）等。有时也采用谐音翻译，如康佳（Konka）、立白（Li-by）、格兰仕（Glanz）、海信（Hisense）、雅戈尔（Younger）、美的（Midea）等。英语商标汉译时一般根据谐音音译，如 Twitter（推特）、Philips（飞利浦）、Volvo（沃尔沃）、Rolls-Royce（劳斯莱斯）、Ferrari（法拉利）、Adidas（阿迪达斯）、Nike（耐克）、Dove（德芙）、Haagen-Dazs（哈根达斯）、coach（蔻驰）、Burberry（巴宝莉）等。

（五）音意结合

音意结合（transliteration and free translation），音意结合包括两种情况，一种是混译，即一半音译、一半意译混在一起，如商标名、公司名、地名的翻译。例如：Starbucks（星巴克）、Unilever（联合利华）、Delta（达美航空）、东风汽车公司（Dongfeng Motor Corpora-tion）、武汉经济技术开发区东风大道 816 号（No. 816，Dongfeng Road，Wuhan Economical and Technological Development Zone）。

把原术语的部分词素音译、部分词素意译，使术语更具表意功能，如 X-ray（X 光）、deci-meter（分米）、decibel（分贝）、kilovolt（千伏）、tannic-acid（丹宁酸）、Einstein equation（爱因斯坦方程）、Inter-net（因特网）等。

还有一种情况是将音译与意译巧妙结合进行翻译，指在译文中既保留原文的发音又能体现原文的指称意义。这种译法可谓音意兼备，常能发挥译语优势，取得意想不到的效果。商标名称中有许多采取音意结合法翻译，如 Tide（汰渍）、Dettol（滴露）、Bestbuy（百思买）、Subway（赛百味）、PizzaHut（必胜客）、乐凯（Lucky）、纳爱斯（Nice）、双汇（Shineway）、四通（Stone）、吉奥（Gonow）、吉利（Geely）等。

（六）压缩或删减

压缩或删减（abridged translation），压缩或删减是指在不改变原文意思的基础上，在译文中省略重复的、多余的文字，或者是在译文中用简洁、明了的语言代替原文中烦琐、累赘的语言，其目的就是让译文通顺流畅、言简意赅地表达出原文的内容。

例 1：昆明物华天宝，人杰地灵，曾孕育和涌现出赛典赤、郑和、兰茂、杨慎、徐霞客、担当、钱沣、聂耳等许多风流人物，留下了许多历史文物。（As a place of excellent products and outstanding people, Kunming has numerous historical relics left with time passing by. ）

对于这句话来说，忠实的直译会增设新的文化障碍，加重读者的阅读负担，所以在译文中删除了一些不必要的信息，以清晰、明了的文字传达原文意义。

例 2：（天津独乐寺）门内两侧是两座民间称为"哼、哈"二将的泥塑金刚力士像，紧跟着是四幅明人所绘的"四大天王"，即东方持国天王、南方增长天王、西方广目天王、北方多闻天王的彩色画像。〔(In Dule Temple) Behind the gate stand two powerful-looking clay statues of warrior attendants, one on either side. Further behind are four colored pictures of Heavenly Kings by a Ming Dynasty painter.〕

译文没有对原文进行直译，而是删除了细节性的、目的语读者无法看懂的信息。

（七）增译

所谓增译（additional translation），即增补与阐释，是指在译文中增加原文省略的或者原文没有但却表达了其意思的词语，增译的目的就是使译文更准确地表达原文的意思，同时注意译文要符合其母语的表达习惯及语法规则等。

例1：Start ahead. （成功之路，从头开始。）这则"飘柔"洗发水广告如果采用直译就是：从头开始。但是该翻译没有采用直译，而是采用了增译的方式，加上了"成功之路"，使原广告的含义更丰富，更能迎合消费者的心理需求。

例2：The hotel looks like a Bond villain's lair, all blue glass and modern sculptures, and is surrounded by famous golf courses. （酒店的外层由蓝色玻璃和现代雕塑构成，看起来就像电影《007》中詹姆士·邦德的密室，周围遍布着各种著名的高尔夫球场。）

在译文中，如果简单地将 Bond villain's lair 直接处理成"邦德的密室"，译文读者可能莫名其妙。事实上，Bond villain's lair 这一表述的文化背景是家喻户晓的谍战动作片《007》。原文以《007》中的主角詹姆士·邦德的密室来比喻酒店的外观，因此，在翻译时，为了跨越文化障碍，将知名度更高的片名《007》增译到译文中，提高了 Bond 的凸显度，方便译文读者理解。

（八）编译

编译（adaptation），编译即编辑和翻译。编译本身隐含了"改变"，由于译者要达到某一交际目的，有了特定的目的读者群，因此他所产生的译文必然会打破原文的局限。

1. 删减

删减主要包括删除一些重复的话语、行话、术语、诗歌、高调的话语和华丽的辞藻。当中文原文中含有晦涩、呆板的语言时，译者也应适当删减以突出事实和重点。

2. 解释

所谓解释性翻译，旨在译出目标语读者不甚了解，甚至感到诧异的意义。解释法在外宣翻译实践中使用得非常多，如翻译"'四个全面'战略布局"时，除了译出 Four-Pronged Comprehensive Strategy，还要对四个全面进行诠释：全面建成小康社会（comprehensively building a moderately prosperous society）、全面深化改革（comprehensively driving reform to a deeper level）、全面依法治国（comprehensively governing the country in accordance with the law）、全面从严治党（comprehensively enforcing strict party discipline）。这种译法可以有效解决直译中所忽略的社会文化差异，使译文易于理解，交流无碍。

例如：林边有一个洞，叫白龙洞，传说《白蛇传》的白娘子曾经在这里修炼。[Near the forest is the White Dragon Cave which is said to be the very place where Lady White. The legendary heroine of the Story of the White Snake whose love story with a mortal has been spreading ever since ancient time，cultivated herself according to Buddhist doctrine. （杭州旅游宣传册）] 白娘子的故事多数中国人比较熟悉，但普通外国人却知之甚少，因此译文增加了对于白娘子的文化背景信息的介绍，否则外国读者定会一头雾水。

3. 重构

重构也叫改写，即译者抓住原文的精髓，通过删减、增补、重组等方法重建原文的信息内容和结构，增强译文的可读性和可接受性，减少中式英文和翻译腔。重构包括对标题的重构和对句子顺序、语篇模式的重构。

第四章　应用翻译实践——商贸文本翻译

商务翻译（business translation），也称经贸翻译（economy and trade translation），其内容包括国际贸易和国际投资等方面。涉及的领域包括跨文化交流、国际营销、国际金融、国际会计、国际审计、国际税收、国际结算、国际物流、人力资源管理、知识产权、电子商务和贸易法律等。国际商务不仅包括国际贸易和国际投资，涉及的行业有银行、运输、旅游、广告、建筑、零售、批发、保险、电信、航空、海运、咨询、会计、法律服务等。就文本样式而言，有商务书信、合同书、说明书、外贸运输单证、保险单、专利说明书、标准、广告等。凡与上述有关的翻译均可称为商务翻译。可见，商务翻译范围广、形式多，文体跨度大。在商务活动中，商情瞬息即变，商机稍纵即逝，人们的工作目标和工作结果都与经济利益挂钩，因此在提高办事效率的同时，语言交流和信息传递的准确性是最基本的要求。

从事商务翻译时，译者要有强烈的商务语境意识和对所翻译的文本的专业意识。这样，才能察觉到所译内容的特殊性，使译文从文体、词语、句子结构、语篇到格式及语言规范等都符合行业表达习惯，译文最大限度地再现源语所要表达的内容，使译语读者的感受与源语读者的感受最大限度地接近或一致。商务英语是专门用途英语的主要分支之一。了解并掌握商务文体特点，懂得英汉两种语言在表达方式上的差异，是做好商务翻译的前提。

第一节　商贸文本的文本类型与词汇特征

一、商贸文本的文本类型

商贸英语文本涉及面广，类型多样。以下从翻译角度、文本特点出发，把商贸文本分为固定格式型、传递信息型和劝说诱导型。

第一，固定格式型。固定格式型文本措辞严密，常用术语，逻辑性强，结构缜密，多长句难句，语体格式化且行文规范。汉语文本格式与英语大同小异。

第二，传递信息型。传递信息型文本大多具有语气委婉，常用套语，语言简洁，语法简明等特点。如市场报告（market report）、会议记录（minutes）等语体非正式，强调信息传递，语言清晰易懂。

第三，劝说诱导型。劝说诱导型文本其特点是充分发挥语言的诱导功能，措辞严谨，修辞多变，语气委婉，以劝说读者为目的。

二、商贸文本的词汇特征

商贸文本属于应用型文本，文体形式多种多样，涉及众多不同的商务、经济和贸易领域，如企业经营、对外贸易、劳务承包、商贸合同、国际金融、涉外保险、海外投资等。为了做好商贸翻译工作，译者应充分地了解商贸文本的语言特点和特征，掌握相关的商贸专业术语，具备相应的商贸专业知识，熟悉与企业经营、国际贸易、国际金融、保险运输等专业相关的法令、法规，并在完全理解原文文本的基础上做到译文表达得体、准确无误。

（一）贸易术语

商贸文本涉及工业生产、经济、贸易、法律等众多方面，因此往往会使用大量的专业性术语。在翻译专业术语的过程中，译者应随时查阅相关的商贸词典，切不可望文生义，随手乱译。例如，英文中termination 和 end 都可用来表示"终止"之意，但两者之间却存在着细微的语用差别：在正式的商贸文本中多用前者，而后者多用于非正式场合。使用贸易术语可增强文本的权威性、严肃性和语义的确切性。《2000 年国际贸易术语解释通则》（*INCOTERMS* 2000）经常使用的贸易术语（trade terms）如：

C 组术语（主要运费已付）：CIF（Cost, Insurance and Freight），到岸价，即成本、保险加运费；还有 CFR、CPT、CIP 等，采用这组术语卖方需订立运输合同，但不承担从装运地启运后所发生的货物损坏或灭失的风险及额外费用。

D 组术语（运抵）：DAF，边境交货；DES，目的港船上交货；DEQ，目的港码头交货；DDU，未完税交货；DDP，完税后交货。按本组术语成交，卖方必须承担将货物运往指定的进口国交货地点的一切风险、责任和费用。

E 组术语（启运）：EXW（Ex Works），工厂交货价，即在商品产地交货。

F 组术语（主要运费未付）：FOB（Free on Board）离岸价，即装货港船上交货；还有 FAS 装运港船边交货和 FCA 货交承运人，按这组术语成交，卖方须将货物交给买方指定的承运人，从交货地至目的地的运费由买方负担。

其他贸易术语如 CWO（Cash with Order），订货付款；COD（Cash on Delivery），货到付款；保险术语如 WPA（With Particul Araverage），水渍险，指因海上事故而导致的货失货损险。又如：

例 1：document against payment D/P 付款交单

例 2：freight forward D/A 运费到付

例 3：in your favour 以你方为受益人

例 4：cable extension of L/C 电告信用证展期通知

例 5：All sales are final. 货物售出，概不退换。

例1以一个名词短语（名词＋介词＋名词）表达了汉语用两个动宾结构表达的意思。例2以一个英语名词短语表达汉语一个句子——"运费（待货）到（时再）付"的意思。例3以英语介词短语表达汉语用"以……为……"句式所表达的一句话的意思。例4的cable表达汉语用动宾结构或偏正结构表示的"电告……通知"。例5句短意重。商务英语用词简洁、言简意赅的特点从上面的例子中可见一斑。

（二）古体词

古体词常见于经贸合同及法律文本。最具特色的是由where、there、here与in、by、with、after等介词构成的复合词。这类词汇的特点是明晰古朴。尽管thereinafter的意义与in that part which follows相等，但前者简洁明了，而后者却累赘冗长。常见的此类古体词有therein（in that；in that particular context；in that respect在那里；在那点上，在那方面）；thereafter（after that其后，从那以后）；hereinafter（later in the same contract以下，在下文，一般与to be referred to as、referred to as、called等词组连用，以避免重复）；thereby（因此，在那方面）；thereof（of that，of it它的，在其中）；hereby（by means of；by reason of this特此，因此，兹等），常用于法律文件、合同、协议书等正式文件的开头语；在条款中需要强调时也可用）；hereto（to this至此，对此）；herein（in this此中，于此）；hereof（of this关于此点，在本文件中）；hereunder（under this在此之下，在下文）等。

（三）叠用词

合同词汇的另一个特征是同义词或近义词叠用。叠用词并非可有可无，在合同中它们可使表达更精确严谨。根据词性分类，它们可以有名词叠用（power and authority）；动词叠用（alter and change）；形容词叠用（sole and exclusive）；连词叠用（when and as）；以及介词叠用（before and on，over and above，from and after）等。

从词语叠用的功能来考察，只有少数近义词并列使用是为了追求它们之间的意义相同，以不被曲解，翻译时，我们只要取其相同含义即可。

（四）多义词

多义包括不同语境下的一词多义和多词一义两种情况。同样一个词在不同的专业背景下意思可能不一样。现以 current 一词的不同用法为例：current assets（流动资产）；current liability（流动负债）；current cost accounting（现时成本会计）；current account（往来账户，活期账户）。又如：

Buyers or their chartering agent shall advise the Seller by fax 10 days prior to the arrival of the carrying vessel at the port of shipment of the contract number, name of the carrying vessel, approximate loading capacity, laydays and port of loading.

原译：买方或其租船代理人须于载货轮抵达装运港 10 天前以传真方式通知卖方合同号、船名、大约受载重量、预计抵达日期及装运港名。

例中 chartering agent 一般称作"船代"，全称"租船代理人/商/行"，与其对应的词语为 freight agent "货代"；carrying vessel 为"承运船"而非"载货轮"；approximate loading capacity，船舶的"近似载重量"；laydays 指规定的船舶在港装卸货天数（时间），如果超过了这个时间就要付"滞期费"（demurrage），也称"搁港费"。根据以上所述，拟改译为：

在承运船抵达装货港 10 天前，买方或其船代须将合同号、承运船名、船舶的近似载重量、船舶在港时间和装货港以传真的方式告知卖方。

一义多词是另一种词汇现象，如"支付"可有以下不同表达：reimburse, honour, cover, levy, collect, charge, be borne by, for account of, be payable, at one's expense 等。例如：

This draft is payable on the 19th of November. （本汇票11月19日到期支付。）

Your expenses will be reimbursed in full. （贵方的开支将得到全部付还。）

This letter of credit will be honoured only if the seller submits a letter or telex from AAA Company certifying that all terms and requirements under L/C No. 83658 have been complied with. （本信用证将被承兑，只要卖方提交一份 AAA 公司发出的信函或电传证明编号为 83658 信用证上所有的条款和要求已得到履行。）

The fee will always have to be borne by the beneficiary. （该费用总是由受益人支付。）

（五）套语

信息型文本中常用套语，语义明了，语气委婉礼貌，同时又要避免过于亲密。经贸英语信函类文本在国际交往中形成了一套通用的、公式化的套语句型。翻译时应尽量选用汉语经贸信函中相应的套语句型。如：

We have/take pleasure in informing you that… （兹欣告贵方……）

In reply to your letter of…, we… （兹复贵方……来函，我方……）

We thank you for your letter of…contents of which have been noted/have had our careful attention. （谢谢贵方×月×日来信，内容已悉。）

We are sorry for the inconvenience that may have caused you. （对给贵方造成的不便我方深表歉意。）

We shall appreciate your prompt attention to the adjustment of these errors. （望即修正这些差错，不胜感激。）

Thank you in advance for… （承蒙……谨先致谢。）

We must apologize for the delay in replying to your letter of… （迟复贵

方×月×日来函，深表歉意。）

We should be glad to have your confirmation that…（欣盼贵方确认……）

Always with pleasureat your service.（竭诚为您效劳。）

This offer remains effective/valid/firm/open for ten days from 18th October.（本报盘自 10 月 18 日起，有效期 10 天。）

（六）外来词

商贸文本常使用外来词以增加正式意味，如来自拉丁语的 ad valorem tax（从价税）、pro rata（按比例的）、ex（在……交货）、ex works（在工厂交货）、ex warehouse（在仓库交货）、ex dock（在码头交货）、bona fide（真诚的，真实的）等；来自法语的 en route（在途中），force majeure（不可抗力）；来自意大利语的 del credere（信用担保）等。

（七）缩略词

缩略词也是商贸英语词汇的重要组成部分，在商贸文本中使用的频率很高。缩略词主要分为首字母缩略词和截短词，是人们在长期使用过程中演变的结果。术语缩略的优点是词义单一，简练明确，形义固定，节省时间。

（八）法律术语

为了准确描述商务活动中交易双方各自的权利与义务，商贸英文中常常使用法律专业术语，如 corporate bylaw（公司章程）、discharging liability（偿还债务）、judicial decree（司法判决）、ultra vires contract（越权订立的合同，ultra vires 是拉丁文短语，意思为"超越权限"，其反义词是 intra vires，意思为"在权限范围之内"）、quasi-contract（准合同）、termination of contract（合同终止）、breach of contract（违约）等。

第二节　商贸文本翻译的原则与解析

经贸文本涉及经贸双方的经济利益，其中任何信息有纰漏都可能产生意想不到的后果，所以准确、规范是翻译时需要遵循的主要原则。换言之，译文用语要准确严谨，译文表达要符合经贸交流的规约和习惯。

一、准确性

准确性原则是指正确理解原文，然后用目的语准确、贴切地表达出来，使译语读者获得与原文内容相等的信息，即信息等值。要做到信息等值，译者首先要能正确把握原文词句的确切含义，并利用各种翻译方法，使用恰当的词语、明确的指代，清楚地将原文信息传达给译文读者。

（一）词语的翻译

准确翻译词义译者需要积累一定的专业术语和专业词汇，根据语境选取合适的词义，并对原词进行适当的转译或推理。

例1：公司应保有产品责任险、第三方责任险和其他有关险种，以保护公司、其雇员、代理人及其他有关方不会成为索赔对象。（The Company shall maintain product liability insurance, third party liability insurance and other relevant insurance coverage in order to protect the Company, its employees, agents and other appropriate parties from claims.）翻译此句时必须知道"产品责任险""第三方责任险"等专业术语的英译法。

例2a：Enclosed is our new Quotation No. Inlieu of the previou sone.

例2b：Many rural women have changed from conceming themselves only with house hold affairs to stateaf fairs and quotations of markets, from be-lieving infate to science and themselves.

经贸英语涉及不同领域、不同行业，某些专业词汇的意义可能发生变化。quotation 在经贸英语中可理解为"报价，（股市、市场）行情"。在 a 句中，根据语境应理解为"报价"，即例句可译为："随附我公司第×号新的报价单以替代前发的报价单"。而在 b 句中，quota-tions of markets 应理解为"市场行情"，即例句可译为："不少农家女由只关心家庭琐事转向关心国家大事，关心市场行情；由相信命运转向相信科学、相信自己。"

例 3：This column shows the borrower's exposure to changes in inter-national interestrates.（这栏表示借款者受到了国际利率变化的影响。）

exposure 常指"暴露"，但在此句中，如译为"暴露"则会令读者不知所云。此处应为"处于……的影响之下"，这里可具体理解为处于国际汇率变化的影响之下。

诸多学者对经贸英语缩略语的翻译方法进行过讨论，一般认为分如下几种：①音译，音译是指根据英语发音直接转换翻译，如 OPEC 欧佩克、NASDAQ 纳斯达克等；②意译，意译是直接将原文含义译出，如 CPI 消费者物价指数、GDP 国民生产总值等；③零翻译（不译），零翻译是指直接将原文缩略语用于目的语。随着对外交流的增加，零翻译法已经十分普遍，常见于商品名称、公司名和商标名的翻译，如 IPAD、IBM、AT&T、SKⅡ 等。需注意的是，经贸英语中大部分缩略语，尤其是术语类缩略语都有约定俗成的翻译方法，因此在翻译时需注意准确对应，不能随意更改、创编。

（二）长句的翻译

经贸英语文体中的长句较多，习惯使用各种修饰限定成分，偏好使用名词或名词结构。而汉语句子相对简短，讲究节奏，偏好使用动词。翻译时，通常要做适当的调整，使语言通顺流畅，合乎英汉语言各自的表达习惯。长句翻译方法通常包括顺序法、逆序法、分序法以及综合法。

1. 顺序法

顺序法是指在翻译时，译者不做语序上的调整，使用与原文相同的语序或表达方式进行翻译。

例 1：hlorder to make economic development agreements more attractive to investors，some developing countries have attempted to slren security of such agreements，specifying that the agreements will be governed by "general principles of law recognized by civilized nations" —a set of legal principles or rules shared by the world's major legal systems.

例句由一个目的状语、一个主句、一个伴随性状语从句组成。其中从句中用破折号进一步解释说明了"总的法律原则"。整个句子共有四层含义：①为了使协议更具吸引力；②发展中国家试图提高协议安全性；③规定这些协议受"总的法律原则"约束；④这些原则由世界几个主要法律体系所共有的一套原则和规范组成。上述含义的表达顺序与汉语完全一致。因此，可以用顺序法进行组合，译为："为了使经济开发协议对投资者更具吸引力，有些发展中国家试图提高协议的安全性，规定这些协议受'文明国家公认的总的法律原则'的约束，这些原则由世界几个主要法律体系所共有的一套原则和规范组成。"

例 2：The investor shall，within 45 days after the inval ideation of the official approval and with the examination and approval of foreign exchange bureau，purchase and exchange the RMB to foreign currency and remit it out of China.

上例主句谓语动词连用，表明了动作发生的先后顺序，两个伴随性状语用作插入语，起修饰限定作用。整句逻辑关系与汉语一致，因此可译为："投资者应在批准失效之日起 45 日内，经外汇局核准后将结汇所得人民币资金购汇并汇出境外。"

2. 逆序法

逆序法是指在翻译时，按照与原文相反的语序或表达方式进行翻译。采用逆序法主要是因为英汉语在表达习惯上有差异，因此，在翻译时有时需调整语序以符合译文读者的表达习惯。

例：In order to recover under this insurance the Assured must have an insurable interest in the subject—matter insured at the time of the loss.

此句结构并不复杂，可分为三部分理解：①为了获得本保险单项下的赔偿；②被保险人必须对保险标的物具有可保利益；③在发生损失时。在英语中，修饰限定词常位于被修饰语之后，而汉语习惯将其置于被修饰语之前。因此，③需放在句首。再看①②的逻辑关系，虽然 in order to 引导的是目的状语，但此句中应理解为满足了②这个条件，才能达到①的目的。因此，在厘清主句和目的状语之间逻辑关系的情况下，此句宜采用逆序法进行翻译，即："在发生损失时，被保险人必须对保险标的物具有可保利益，才能获得本保险单项下的赔偿。"

3. 拆分法

英语长句多修饰成分，且层层叠加。汉语句子简短，多用动词。在翻译时，需厘清句子成分，明确修饰对象，将长句拆成短句。

例 1：Consequently, the under taking of a bank topay, accept and pay draft or to fulfill any other obligation under the credit is not subject tocl aims or defenses by the applicant resulting from his relation ships with the Issuing Bank or the Bene ficiary.

此句中的名词化结构、动词连用和对名词的修饰限定使全句信息量大而又紧凑严谨。其中主语采用名词化结构，也是全句翻译的重点。主语中心词应该是 obligation，那么在译为汉语时，可将 under taking 还原为动词词义，即"作出……承诺"，并将主语部分拆分翻译。全句可译为："因此，一家银行做出的付款、承兑和支付汇票或履行信用证项下的其他义务的承诺，不受申请人与开证行或与受益人之间的关系而提出的索赔或抗辩的约束。"

例 2：Not only is the amount in excess of the max imumsum the bank can loanany in dividual legally，but it is abso lutely without endor sement or security.

此句的翻译重点在后半句。abso lutely 对 without…or 进行了强调，在翻译时将其进行拆分，使用"既……又"句型能更好地突出语气。可译为："不仅数目超过了银行发放私人贷款的最高限额，而且既无担保，又无抵押。"

4. 综合法

当单用上述几种译法无法准确清楚地表达原文句意时，在正确理解长句结构和句意的基础上，可以综合上述一至两种翻译方法，使译文流畅且符合读者的表达习惯。

例：Collection means the handling by banks of documents as defined in sub-Article 2（b），in accordance with instructions received，in order to obtain payment and/or acceptance，or deliver documents against payment and/or against acceptance，or deliverd ocument sonother termsand conditions.

上例为 Collection 的定义和描述。整句可分如下层次理解：①主句关系清楚，可直接译为："托收是指……"；②宾语部分较复杂，需厘清结构，the handling by banks of documents 为英语长句中常见的名词化结构，强调银行处理单据的行为；而翻译时可直接按照汉语习惯用动词译出，即"银行处理单据"；③as defined in sub-Article 2（b）为 documents 的定语，汉语定语通常前置，可直接用"的"字句译出，即"下述第（2）款所界定的单据"；④in accordance with in struction sreceived 为伴随性状语，对 the handling 起修饰限定作用，按照汉语逻辑关系，修饰词一般放在被修饰部分之前；⑤in order to 引导目的状语，按汉语的逻辑关系，一般行动在前，目的在后，因此这一部分可置于句子最后。综上，此句可译为："托收是指银行依据所收到的指示，处理下述第（2）款所界定的单据，以便取得付款及/或承兑；或付款交单及/或承兑交单；或按照其他条款和条件交付单据。”

（三）价格、时间、数量等相关表达

经贸文本中数字出现的频率较高，通常涉及价格、时间、数量等。翻译时，译者务必注意相关表达方式，以免误译。

例1：从今以后，我们将以布朗公司的名义继续营业，特此奉告。

此例中的“从今以后”不能译为 after，因为 after 语义模糊，可指某日之后的任意一天。在英语正式文体中，“从今以后”需用 on and after…表示，意为从公告发布之日起。此例可译为：We inform you that, on and after this date, our business will be carried on in the name of Brown & Co.

例2：Your reply must reach here on or before May 15th.

此例中的 on or before 对时间进行了限定。翻译时也需准确译出，即：“贵方答复务必于5月15日或之前寄达我方。”

二、规范性

经贸译文的内容和格式要严整规范，符合国际贸易惯例，且必须准确使用专业术语。在翻译具有法律效力的经贸文本时尤其需严谨规范，以防出现法律纠纷。

例1：如受保人于保单生效日前已染上后天免疫能力缺乏症（HIV）将不会获得赔偿。

We shall not pay any benefits for sickness if the covered person was infected with any Human Immuno deficiency Virus（HIV）prior to the policy effect ivedate.

例2：所保货物，如发生保险单项下可能引起索赔的损失或损坏，应立即通知本公司下述代理人查勘。

In the event of loss or damage which may result in a claimunder this policy, immediate notice must be given to the company's agents asmentioned here under.

此处两例使用 prior to、here under 等具有法律语言风格的词汇，而不用常见单词 before、under this，对于 HIV 也采用了全称来表述，均体现了文本的正式、规范、严谨。

为保证译文的规范性，可采取的具体翻译方法有套译法和增译法两种。

(一) 套译法

套译法即套用目的语中约定俗成的现有表达方式。

例 3：We hereby certify that up to xxxxxx（DD/MM/YYYY）Mr. / Mrs. /Ms. xxx has deposit accounts with this Bank as follows：（兹证明 xxx 先生/女士截至 xxxxxx（年/月/日）在我行存款如下：）

例 4：This certificate of deposit becomes valid on and after the issuing date and remains valid until the expiry date.（本存款证明开出后，在截止日期前有效。）

例 5：The insurance on the materials, machinery and equipment all ocated to the Insured Vessel prior to application for insurance attaches from the day of inception of insurance specified in the Schedule to the Policy.（在投保前已分配至船上的物资和机械设备，自保险单中列明的保险起期日开始时生效。）

事实上，here by certify that、becomes valid on and after the issuing date and remains valid until the expiry date、attaches from the day of inception of insurance specified in the Schedule to the Policy 等，都是英语银证保险单据中常见的表达，汉英翻译时可尽量套用。

(二) 增译法

增译法是为了使译文更清楚而加入原文中没有出现的词句，或是将原文的隐藏含义更明确地表达出来。对于需要明确指代的地方，宁可重复、烦琐，也不能错译、漏译。

例1：A credit is irrevocable even if there is no indication to that effect. （信用证是不可撤销的，即使信用证中对此未作指示也是如此。）

例2：Altogether, exports are looking up. （总的说来，出口贸易在好转。）

第三节　商贸文本翻译策略

根据不同文本的要求，采用不同的翻译策略和技巧。

一、文体意识

翻译任何文本，都必须进入该文本的语境之中。翻译经贸文本，选词造句应从经贸文体的需要出发，符合经贸文本的特征。例如：

The credit which evidences shipment of 2,000 tons of steels may be used against presentation of the shipping documents. （本信用证证明两千吨钢材已装船，凭装运单证议付。）在商务语境下，这里译者将 use 理解并翻译为"议付"，shipping documents 理解并译成"装运单证"。

又如：

Business is a combination of all these activities：production, distribution and sale, through which profit or economic surplus will be created. （商务是指生产、配送、销售并创造利润的所有关联活动。）句中，词语 profit or economic surplus，后者是对前者的解释说明，并非两个概念，可以看作同义词叠用。A combination of all these activities 译成"一切活动的组合"，不符合商务文献的表达规范，可译为"所有关联活动"。

二、运用套语

商务文书常以程式化的行文和套语来传达信息。这种程式化的行文和套语甚至国际通行，在业内约定俗成，因此在翻译时可以遵循，不必独创。如：

兹通告，友谊公司将采取一切必要措施，追究任何未经许可制造和/或销售注有友谊商标服装当事人的责任。（Notice is hereby given that FRIENDSHIP Ltd. Will take all necessary trade mark of "FRIEND-SHIP" without being authorized.）

英文正式通告或启事常用 Notice is hereby given that（非正式的可用 We are pleased to announce that）开头。又如：

XXX（hereinafter referred to as the "BUYER"）as one party and CCC（hereinafter referred to as the "SELLER"）as the other party agree to sign the present Contract under the following terms and conditions. ［本合同以 XXX（下称"买方"）为一方，以 CCC（下称"卖方"）为另一方，根据以下条款签订。］

合同的"下称'买方''卖方'或'甲方''乙方'"常以（hereinafter referred to as the "BUYER"）和（hereinafter referred to as the "SELLER"）的形式出现。

三、措辞委婉

商务信函措辞委婉，情真意切。

例1：Enclosed please find a copy of our price list.（随信寄上我方的价目表一份，请查收。）

例2：However, up to the present writing。We have not had the pleasure of hearing from you.（然而，迄今为止未见贵方赐复。）

例3：We should be much obliged if you could give us a firm offer for 100 tons.（如能报给我方一个100吨的实盘，我方将不胜感谢。）

例4：We shall appreciate your prompt attention to the adjustment of these errors.（望即修正这些差错，不胜感激。）

例5：We are sorry for the inconvenience that may have caused you.

（对给贵方造成的不便我方深表歉意。）

例 1 以倒装祈使句的形式使得表达委婉，如用"Please find a copy of our price list."或"We enclosed a copy of our price list."虽意思相近，但语句平乏单调。例 2 中的 pleasure 画龙点睛般地将指责对方未复信一事的不愉快之感化为乌有，使得该句既点到问题又不冒犯对方。例 3、例 4 的 oblige 和 appreciate 语用上其客气程度和正式程度都较 please 更强。此外，例中的虚拟语气也是商务英语中常见的现象，使句子显得婉转、庄重、客气。

第五章 应用翻译实践——广告文体翻译

在全球一体化的进程中，不同经济和文化的交流日益密切，广告作为一种传递商品和劳务等信息、开拓国际市场、扩大市场份额的有效工具，显得尤其重要。无论是海外的商品和劳务想进入中国市场，还是中国的商品和劳务想登上国际舞台，都离不开广告。广告翻译在其中发挥着不可替代的作用。成功的广告翻译能使商品或劳务等在目的语国家得到更好的推广和销售。

广告的英汉互译不仅要考虑英汉两种语言和文化的特点及差异，还要注重广告功能的实现。本章将从广告的定义、功能、构成、语言特点和常见修辞等几方面讨论英汉广告文体的互译。

第一节 广告的功能和构成

广告的目的是推销某种产品、商品、服务或劳务，以促进销售、实现购买，或者推广某种观念或理念。广告具有信息功能、唤起需要功能、说服功能、促使行动功能和扶植信用功能。广告的对象是广大消费者，广告在为商家服务的同时也为消费者提供了方便，是消费者获得信息的重要来源，同时影响或改变消费行为。

一、广告的功能

广告文本兼有指示、表情、呼唤三种功能，但不同的广告文本，其主要的交际功能是有差别的，主要包括两项：一是传递信息，二是施加影响、诱导行动。换而言之，根据文本类型理论，商务广告文本可分为信息型广告文本和呼唤型广告文本。因此，在进行商务活动中，为了达到良好的销售业绩，商务广告的翻译首先应尽可能地引起消费者注意，激发起消费者的兴趣及购买意愿而最终诱导其采取消费行动，实现商务广告文本的信息功能和呼唤功能。

二、广告的构成

广告受媒介的制约，写法各异，无固定格式。文字广告是商业广告中运用最广泛的一种，其构成通常包括标题、正文、标语和附文四个部分。广告标题是广告的主题或基本内容的高度概括。正文可分为前言、主体和结尾三部分，其中通常会含有商标。落款指出广告单位的名称和联系方式等。标语，即广告语、广告口号，是特定的宣传语句。

广告的标题（Headline）是对广告宣传内容的高度概括，起着提纲挈领、吸引眼球的作用。广告标题字体醒目，内容简洁精练，重点突出。成功的广告标题能迅速锁定潜在客户，引起他们对广告主题的关注，激发他们阅读广告正文的兴趣。

广告的正文（Body Text）是广告文本的中心，是对广告标题的解释，是广告主题的具体展现。通常广告正文会较为详细地介绍广告标题中涉及的广告信息，例如：企业的历史、规模、技术、服务宗旨，或者商品的特性、功能、优点等诸多方面。广告正文具有解释性、说服性和鼓动性等特点，使广告受众进一步了解企业、商品、服务或劳务，建立信任，并产生消费的欲望，最终促使消费行为的产生。

广告的标语（Slogan）是为了加深受众对企业、商品、服务或劳务等的印象，在相当长一段时期内反复使用的固定宣传语句。广告标语通常精练简洁、通俗易懂、容易记诵、感召力强。

广告的附文（Supplementary Items）是在广告正文之后的附加性文字，是对正文的补充，一般包含企业名称、地址、购买商品或接受服务的方法等。附文也称随文或尾文。

需要说明的是，由于受时间、场合、版面或广告要求等各种因素的影响，并非所有的广告都完整地含有标题、正文、标语和附文四个部分。

第二节　广告文体的语言特点及其翻译

在经济高速发展的今天，可以说，我们生活在广告的世界里。在互联网、电视、电影、杂志、报刊、销售点、展览会、交易会、大小商场、超市等人群聚集处，广告无处不在。广告在促进商品的销售，提升企业公司的经济效益，改善企业公司的形象，增强企业公司的信任度等方面扮演了重要的角色，对经济的发展起着举足轻重的作用。广告在很大程度上承载着这些功能，在消费者使用这些产品之前就为这些广告所吸引。

广告语言是广告的具体表现形式，"包括各种广告中所有的语言文字信息，即广告中的语音、词语、句子（包括歌词）、文字（包括拼音字母）、标点符号和文字图形（由文字构成的图形或文字和实物及其图形的结合）"。

对广告观察的视角不同，其分类不尽相同。按照宣传对象，广告可分为商业广告和非商业广告，产品广告和非产品广告，行为广告和认知广告；按照目标群体划分为消费者广告和业务广告；按照目标区域划分为地方广告、全国广告和国际广告；按照传播媒介划分为印刷广告、电子广告和直邮广告；等等。本书所讨论的广告是狭义的广告，即指广告作品中所使用的语言文字，包括商标、广告标题、标语，以及广告正文等。

依据美国市场营销协会的界定，Advertising is the non-personal communication of information usually paid for and usually persuasive in nature about products, services or ideas by identified sponsors through the various media. （广告是一种公众性的信息交流活动，广告以付费的方式通过

各种传播媒体向公众介绍产品、服务或观念，本身具有说服力。）可以看出，首先，广告是一种经济活动，其目的是传递信息，吸引消费者，促成其购买活动，实现广告的商业价值；其次，广告是一种交际活动，使用语言手段和非语言手段实现交际目的，促进产品、服务、理念的推广和销售，广告语言要求简洁、生动、形象、富有感情色彩和感染力，生活化、娱乐化、贴近大众，以满足大众的日常审美需要；再次，广告是一种在一定的文化背景下实现说服功能的活动，即通过各种传播媒介向公众介绍产品、服务或观念，最终说服消费者采取购买行动的活动。因此，商务广告具有鲜明的文本特征和明确的文本功能。

无论是信息型商务广告还是呼唤型商务广告，都具有其鲜明的商业特征、语言特征和文化特征。商业特征和文化特征是商务广告文本的深层结构，下文主要讨论商务广告文本的表层结构特点，即语言形式的主要特征。

一、词汇特点

（一）大量使用评价性形容词

为了推销商品，自然需要使用大量的形容词来描述产品的质量和性能，甚至是美化产品的形象。出现频率较高的形容词包括：new, cool, good, clean, crisp, delicious, easy, extra, excellent, fine, fresh, full, great, genuine, healthy, natural, new, real, original, perfect, rich, safe, special, sure, super, superb, ture, terrific, wonderful, 等等。例如：

Feel the new space. 感受新视界。（三星电子）

The taste is great. 味道好极了。（雀巢咖啡）

Things go better with Coca-Cola. 饮可口可乐，万事如意。（可口可乐）

（二）大量使用简单动词和感官动词

广告中常用简单动词，这样使得广告语言简洁生动，内容通俗易懂。Leech（1996）在其 *English in Advertising* 中概括了使用频率较高的动词如下：make, come, love, get, go, use, know, feel, have, keep, take, see, look, start, buy, need, give, taste。这些都是单音节词汇，通俗易懂，便于记忆。同时，这些动词都是从消费者的角度来描述产品或服务的质量和性能的，能给消费者留下深刻良好的印象，刺激其购买欲望，最终促进其采取购买行动。如：

Just do it. 想做就做。（耐克运动鞋）

Go for it! Look good. Feel good. Be your best. 快去订阅！看着好，感觉好，好上加好。（健康杂志）

（三）巧用创造新词

对商务广告而言，文字最重要的是创意，要使文字富有个性和新意，因为独具个性的广告词是使消费者"一见钟情""再见倾心"的秘诀。为了创造新奇感，广告非常注重词语的选择和锤炼，甚至可以创造新词新字，标新立异。因此，广告英语常用一些按着英语构词创造的新词，甚至是怪词。

In Miami, it's nonewelty. 游了迈阿密，才知天下奇。（旅游广告）

Give a Timex to all, to all a good time. 拥有一块天美时手表，拥有一段美好时光。（天美时手表）

（四）使用外来语

有些广告商直接在广告中植入法语或插入法语，以唤起人们的想象，取得理想的效果。如：

Ours exclusively. The new essential fragrance from Estee Lauder. Fantastique. Enchanting. Let the new essential fragrance from Estee Lauder leave him positively…Spell Bound. May we suggest Spell Bound perfume, 2. 5 oz, ＄70. Eaude Parfum, 1. 7oz, ＄50. Eau de Parfum spray 3. 4oz, ＄50. Perfume Baby Crème 6. 7 oz, ＄50.

（五）使用复合词

广告英语中，由连字符连接的这些复合词言简意赅，灵活方便。这些复合词大致可分为以下几类：

第一，n. + n. , world-class/shrink-proof

第二，n. + a. , color-fast/drip-dry

第三，a. + n. , round-clockservice/long-term cooperation

第四，n. + v. + ed, milk-flavored delicious/hand-embroidered shirt

第五，n. + v. + ing, heat-resisting cup

第六，ad. + n, out-of-the-ordinary class

第七，ad. + v. + ed, perfectly-textured

第八，a. + v. + ing, long-lasting

第九，a. + inf. + v. , soft-to-touch

第十，ad. + v. + ing, best-selling

在如下的广告文本中，广告商大胆创新、发挥想象力、灵活运用复合词，使得语言更加口语化、趣味化，并富有诱惑力。

Newsome cloth is rain-and-stain-resisting.

If you were designing a state-of-the-art cell sorter, which feature would you need.

The minivan airbag. The rear shoulder belts.

The anti-lock brakes, all-wheel drive and built-in child seats we now offer.

二、句法特点

(一) 词组或短语代替整句

A Kodak Moment. 就在柯达一刻。(柯达相纸/胶卷)

Connecting People. 科技以人为本。(诺基亚)

Poetry in motion, dancing close to me. 动态的诗,向我舞近。(丰田汽车)

M&Ms melt in your mouth, not in your hand. 只溶在口,不溶在手。(M&Ms 巧克力)

(二) 多用简单句

广告——广而告之。要吸引读者,有高度的可读性,尽可能一目了然。

We integrate, you communicate. 我们集大成,您超越自我。(三菱电工)

A diamond lasts forever. 钻石恒久远,一颗永流传。(第比尔斯)

Impossible made possible. 使不可能变为可能。(佳能打印机)

(三) 频繁使用祈使句

广告的目的在于引导人们采取行动(消费)或接受某种观点。祈使句的号召力、说服力都较强,因此在广告中频繁出现。如:

Buy one pair. Get one pair.

这则"买一赠一"的广告,采用的是两个祈使句,号召力大大强于这样的表达:If you buy one, you can get one more free of charge. 再如:

Make yourself heard. 理解就是沟通。(爱立信)

Take time to indulge. 尽情享受吧!(雀巢冰激凌)

Let's make thing better. 让我们做得更好。（飞利浦电子）

Come to where the flavor is. Marlboro country. 光临风韵之境——万宝路世界。

So come into Mcdonald's and enjoy big Mac Sandwich. 走进麦当劳，享用巨无霸。

以上广告都采用祈使句型，像是以好朋友的口吻建议消费者采取行动，简洁有力，具有极强的说服力和诱惑力，刺激消费者采取购买的行动，能够收到理想的广告效果。

三、翻译技巧

正反译法是一个很有用的翻译技巧，即正说反译和反说正译。

（一）正说反译法

正说反译，即否定译肯定。如：
At KFC，we do chicken right！
在肯德基，我们做鸡肉是对的！
在肯德基，我们只做正版鸡肉！
在肯德基，我们的材料是正宗的鸡肉！
在肯德基，炸鸡，我们真不赖！

如果按字面意思逐字逐句翻译的话，译文便是"在肯德基，我们做鸡肉是对的"。若是对文化差异缺乏敏感度的话，这样的译文在译入语——汉语的语境中便成了笑柄，因为"鸡"在中文中有着不好的寓意，这会给企业带来负面的影响。即便是考虑文化差异的因素，按照原文的句式和语义，可能的译文是："我们只做正版鸡肉/我们的材料是正宗的鸡肉！"其实，可根据词句的含义，按汉语表达习惯，否定译肯定，转换角度，将其译为"炸鸡，我们真不赖"，通顺自然，语言地道。

If you leave 'Managing money' alone, Money will manage to leave you alone.

你不理财，财不理你。(《理财》杂志)

该广告采用正说反译技巧，采用拟人和双关的修辞，将《理财》杂志人格化，惟妙惟肖地向消费者介绍该杂志，并诱惑其采取行动，能够收到令人满意的广告效果，实现其功能。

(二) 反说正译法

反说正译，即肯定译否定，英语中有一些句子，句式是否定句，意义却是肯定的。

The colorful world doesn't stop when it's night time.

夜晚时分，这里的世界依然五彩缤纷。

寥寥数语的广告语言，给人以美好的想象空间，对旅客在此宾馆过夜富有诱惑力和感染力。反说正译的翻译技巧既保留了原广告的特色，又用语地道，符合汉语的表达方式，更容易为消费者所接受。

Chanel, above all else, is a style. Fashion goes out of fashion. Style, never.

香奈儿时装，风格高于一切。时尚将随着时间的流逝而消失，而风格是永恒的。

反说正译，能够加强语气，更加突显香奈儿时装的霸气。

不管是正说反译，还是反说正译，改变只是形式，内涵保持不变。之所以要改变，主要是由于词语之间的关系、句式的变化、习惯表达等方面的因素因文化差异而不同。"正说反译，反说正译"在商务广告翻译中得以灵活运用，语言地道，可以使译文符合译入语的语言规范、文体规范、文化规约、读者的审美习惯等，能够发挥其预期功能或目的。

第三节　广告文体中的修辞与翻译

广告文体的特殊性决定了自身的独树一帜。除了新颖独特的词语和经典简洁的句式外，运用各类生动形象的修辞手法也是广告文体的一个显著特征。广告文本中常使用的修辞有比喻、排比、拟人、双关、顶真、押韵和仿拟等。这些修辞手法使广告文本生动形象、妙趣横生、异彩纷呈。然而，修辞的运用离不开语言赖以生存的文化背景。因此，要做好广告文本的翻译，就要了解广告中使用的修辞所展现的不同文化心理、意识观念和风俗习惯等。在翻译时尽可能采用相同或相似的修辞手段，但要注意根据译入语消费者的文化和审美情趣做相应变化。在修辞意义表达较为直接，且两种文化相通的情况下，可采用直译；一旦原广告修辞所展现的内容仅适用于源语言文化的消费者，就需要采用其他翻译方法，使译文更易被译入语消费者理解和接受，实现广告最终的目的。

一、比喻

比喻就是打比方，用本质不同而又在某一方面或某些方面相似的事物或情境描绘另一种事物或情境。广告文本中常运用比喻的手法对广告商品的某种特征进行描绘和渲染，使该商品在消费者心中的形象从抽象变为具体、从陌生变为熟悉，进而促使消费行为的产生。当英汉对喻体含义解释一致时，可采用直译法对广告进行翻译；一旦源语喻体在译入语中有不同解释，或不能被译入语文化理解和接受时，则应通过转换喻体的方式进行翻译，在保留原广告的修辞特色的同时，准确而生动形象地表达广告内涵。例如：

Life is a journey. Enjoy the ride. （Nissan）

生活就是一次旅行，祝您旅途愉快。（直译）

Pick an Ace from Toshiba. （Toshiba）

选择品质，选择东芝。（意译）

二、排比

排比就是将三个或三个以上结构相同、意义相关的词组或句子并排，达到节奏和谐、层次明晰的效果。广告文本中通常使用排比，使描述清晰、条理分明，朗朗上口。此外，排比句工整而有气势，能强化表达效果，极具说服力。在翻译排比类型的广告文本时，多采用直译，选用并列结构，保持原广告的排比特色。例如：

打造知识产权信息交流平台，关注知识产权领域风云人物，报道知识产权重大新闻事件，传播知识产权先进文化理念。（中国日报网知识产权频道）

Provide an arena for information exchange.

Put leading figures in the intellectual-property field in the spot light.

Deliver the latest newson intellectual-property development sand high light the big events.

Spread intellectual-property notions and culture. （直译）

三、拟人

拟人是将人的特征赋予人以外的他物，把事物人格化，使之具有人的思想、行为、个性或情感等。广告文本中经常使用拟人的手法，赋予广告商品人类才能拥有的特质，使商品形象生动、栩栩如生。对广告中的拟人手法的翻译一般采用直译，某些情况下也可使用套译等方法。例如：

Apple thinks different. （Apple）

苹果电脑，不同凡"想"。（直译）

汰渍到，污垢逃。（汰渍洗衣粉）

Tide's in, dirt's out. （套译）

四、双关

双关是指利用字词的多义或同音的特点，有意安排在表达中，使语句拥有双重含义。双关通常可分为意义双关和谐音双关。广告文体要求语言简练，双关的运用能使简短的语句拥有双重含义，寓意深刻、妙趣盎然，能引起消费者的联想，加深记忆。双关与其所在的语言文化有着深刻的联系。广告文本中的双关词多与广告品牌名有一定的联系，可采用直译和意译相结合的方法分别译出该词的多个含义。

五、押韵（Rhyme）

押韵的使用主要是使广告富有节奏、音调铿锵、朗朗上口、悦耳怡心、增强商品宣传效果，例如：

Pepsi-Cola hits the spot.

百事可乐口味好。

Twelve fullounces，that's a lot.

十二盎司真不少。

Twice as much for an ickel，too.

花五便士喝个够。

Pepsi-Cola is the drink for you.

百事可乐请享受。

Hi-fi，Hi-Fun，Hi-Fashion，only from Sony.

高保真，高乐趣，高时尚，只能来自索尼。

六、仿拟（Parody）

它有意仿照人们熟知的现成的语言材料，根据表达的需要临时创造出新的语、句、篇来，以使语言生动活泼，或讽刺嘲弄，或幽默诙谐，妙趣盎然。

To smoke or not，that's a question.

We take no pride in prejudice.（The Times）

Where there is away，there is a Toyota.

七、重复（Repetition）

重复是英语中重要的常用修辞手法之一，指连续或间断重复使用同一单词、短语或者句子，在广告中巧妙运用重复，可以收到意想不到的效果。

Clean your breath while it cleans your teeth。

清洁你的牙齿，清洁你的呼吸。

Give a Timex to all，to all ago odtime.

拥有一块天美时表，拥有一段美好时光。（天美时手表）

上述广告通过重复使人印象深刻，便于记忆，可增强对消费者的劝诱力。

当然，广告语言中还有巧妙运用借代、对偶、对比、夸张、顶真、反讽等其他修辞手段，这里不一一举例赘述。

第四节　品牌名称的翻译方法

一、品牌名翻译实质

品牌名实际上就是一种标识，用来与其他的品牌区分开来，品牌名一旦确定，一般都不会轻易改变，除非是有非常重要的原因，才会对品牌名进行更改。之所以要对品牌进行命名，概括起来主要有如下三点。

（1）为了增加识别度，但是尽可能少地传递信息，如华为、美的、格力等。

（2）识别度和信息传递性都有所体现，如上好佳、芬必得、康师傅等。

（3）就是识别度差但是信息传递性比较强的品牌，如黑亮、美雅等。

所以，在对品牌名进行翻译的时候要严格遵循如下原则。

第一，品牌名对外要保持高度的统一性。

第二，尊重品牌名内涵等的实现问题。

二、影响品牌名翻译的文化因素

品牌的翻译受很多因素的影响，特别是中国和其他国家的价值观、文化背景、社会体制、风俗习惯都有很大的不同。因为每个国家发展的历史进程不一样，所处的地理位置也不一样，这就导致了每个国家每个民族的心理上都有其独具特色的文化特征。各个国家的风俗习惯和传统都被这些心理特征深深地影响着，因此，首先要按照英语国家人民的文化心理来对广告进行翻译，这样才有可能使广告译文在这些英语国家流传。再则语言是约定俗成的，也就是说它是使用这一语言的社会成员的生活经验和风俗习惯的产物。

品牌名既传递着文化，也是中国和外国交流的一种手段，所以翻译工作者在对品牌名进行翻译的时候，要充分地了解翻译所涉及的两个国家的文化，并通晓它们的异同，能够深刻地领会到相关文化的精髓，使翻译过来的品牌名能够完整地将源语言国家韵味表达出来，还能兼顾源语品牌名的实际意义在目的语的语境之中体现出来。

三、品牌名翻译策略

在翻译品牌名时要采用一定的策略，而这个策略是灵活多变的。比如说，有一些品牌名如果是目的不同，那么译名也要有所区别。以Dove 为例，当表示巧克力时翻译成德芙，当表示洗护用品时，则翻译成多芬。不过，总的来说，以下几种方法是品牌名翻译之中经常使用的。

（一）品牌翻译的音译

音译在商标翻译过程中，是最经常使用的一种方法。其优点是简单易行，译文有异国情调，可使产品具有一定吸引力。音译又分为纯音译、谐音译和省音译。

（二）品牌翻译的意译

意译是根据原商标的意思，翻译为意义相同或相近的汉语。意译能够很好地将源语言的含义保留下来，特别是一些寓意深刻，而且形象比较有特色，语言色彩比较亮丽的一些商标特别适合于意译。它可分为增减意译、择意译、纯意译三种。

（三）品牌翻译的音义结合

有些商标是由臆造词组成的，文化内涵成分大，就需要用音义结合的翻译方法。音义结合即"将'音译'和'意译'结合起来进行翻译"。换句话说，就是将音译和意译合理搭配，然后用于英文商标的翻译过程之中，让英文商标变成最合适的翻译商标。这种方法难度较大，适用于一些自创的词语，还有就是一些名词。

（四）其他翻译策略

要是采用以上几种方法都不能达到理想的翻译效果，我们也不能安于现状，要积极地寻找新的方法，大胆地尝试新的方法。以下几种翻译方法就是创新而来的。

1. 移音译

移音译是对原商标不加以翻译而原封不动地使用，一般适用于缩写的商标，进入市场时将商标中的文字、字母、数字等直接使用。

2. 形意译

所谓形意译就是根据商标图案的意思来翻译，如 Lacoste（鳄鱼）服饰，Leonardo（老人头）酒等。

3. 另类译法

另类译法在翻译策略方面不一定要符合传统翻译，它以销售的卖点为中心来进行翻译，稀奇古怪，但是也有一定的道理，正因为它没有固定的章法、格式，随心所欲，所以就被称为另类译法。如著名的丹麦 Kieldsens 曲奇，在进驻中国市场时并没有简单地音译为"奇新"而是以其外包装"蓝罐"为名，赢得不少赞叹。通过这一译法，可以看出翻译者是非常具有创新头脑的，同时也精准地抓住了中国市场中档礼品的空缺，Kieldsens 成功地打入并且占据市场，耀眼的蓝色包装是广告促销中的大功臣。

（五）英文商标翻译的注意事项

1. 简洁明了

就音译商标来说，如果繁冗复杂，读起来绕口难懂，这样是很难走入消费者内心的，更别提让消费者印象深刻了。如果采用音译法来翻译商标，尽量控制在 4 个字之内。如果原文商标的音节不止 4 个，那么要适量删减，把一些比较弱的音节删掉。还有一种情况就是英语中的一些单词采用了辅音连缀，虽然音节很少，英语发音易上口，但是音译过来，中文就很长，而且比较生硬，所以遇到这种情况也要适量地删除。

2. 用词恰当

用词适当是对意译商标最大的要求。在对商标进行意译时，原商标里面的词语都是富含意义的，商家对于商品的美好期望都蕴含在商标之中。有一些是将商品的功效和特点都融合在商标中，在进行翻译时，既要将这些含义完整地表达出来，同时也要综合考虑两国之间文化的差异，所以，翻译的难度还是比较大的，经常都会需要进一步的加工，仔细斟酌所选词语，如果引起一些文化方面的冲突就不好了。

3. 体现产品特色

消费者看到商标就能够了解到这类商品是什么，有什么特点，这就是商标的作用，实际上，商标就是广告，不但简洁，力道还大。和意译、音译的商标相比，在给消费者带来的感性认识方面，音义结合的商标更加直接，更容易使消费者印象深刻。所以，在商标翻译时，尽量采用音义结合的策略，这就要求翻译者在翻译时可以将商品的特色完整地诠释出来。

4. 具有相关性

其他类的翻译在翻译策略方法方面不拘一格，自由发挥，在翻译中融入自己的新思维。这种翻译方式是没有规律，没有格式的，但是这并不代表翻译就脱离了产品，实际上在产品中还是可以找到与翻译名有关的地方。

在现实生活中，商标翻译的意义是十分重大的，从商业和艺术的角度来说，译名要和原名比较一致，这样才有利于宣传和促进销售；除了现实意义之外，商标翻译在理论方面也意义重大，对于语言学研究工作来说，空间更大，语言学的内涵也越来越充实，还能使语言研究的理论和实际结合得更加紧密。要想在商场战争中通过译标来独占鳌头，就要尊重各民族的文化与习惯，合理恰当地运用翻译技巧，洞悉消费者的心理，这样才能更好地引导消费方向，从而促进消费。本身质量很好的商品，如果还有一个很美妙的名字，这简直是件画龙点睛的美事。好的商标翻译，可以把高超的翻译技能和高雅的审美有机地融合在一起，使产品的包装充满了魅力。

四、中国品牌的跨文化广告传播策略

在不同文化的国家或者地区之间进行广告沟通，如果没有感情的共鸣点，在评价和理解外民族的价值观时未保持客观端正的态度，不能包容外民族的文化背景，这样的结果只有一个，跨文化的传播无法顺利地开展，沟通也不会取得成功。接下来就深入地剖析哪些因素会对跨文化广告传播造成影响，以一些跨国公司的比较成功的广告为例，吸取成功的经验，同时就我国目前的跨文化广告传播的现状，提出一些改进的技巧和方法。

（一）倡导普世价值，寻求文化共性

1. 推广普世价值

经济的全球化给人们的生活带来了巨大的改变，生活的距离变短，包括时间和空间，民族与民族之间的区别越来越小，其所具有的同质化力量越来越强大，推动着各个民族和各种文化不断地融合而变得越来越相似。不管是生产、生活的方式，还是价值观等，人们在这些方面的一致性越来越强，而独具特色的地方色彩却越来越淡，这种趋势使得全世界普遍适用的价值观的普及速度加快。

普世价值观念并不是短期内形成的，它是很长一段时间以来，人类在实际的生活和交往中所形成的一种价值的取向，而且这个取向是统一的，它的参与者是整个全球的人类，它所关注的重点是人和人，人和自然之间的关系，注重他们之间的相通性伦理，将他们之间的准则规范起来，使他们的品格变得稳定、持久、普遍。不管是人类个体，还是群体，在他们身上，差异和统一是同时存在的。一方面，他们各自的特点和目标、追求都是不一样的，另一方面，他们的基本特性、生活需求、生存要求这些方面是统一的，存在于文化差异之中的统一性就是以普世价值为基础的。在社会发展的进程中，普世价值也衍生了一系列的规则，它们在国家、民族、种族的关系之中起着润滑剂和调和剂的作用，在社会的内部发展中，也起着催化促进的作用，积极地调节着跨文化广告的传播。

2. 巧用幽默思维

幽默是一种艺术表现手法，并为世界各地的人们所喜爱。在广告当中可以通过一定的安排对广告进行排版，以此来产生一系列喜剧且夸张性的艺术视觉效果。观众在观看跨文化广告的时候很容易就能被广告当中的幽默元素所吸引，进而主动消除其原本对于产品或者服务的抵制或者怀疑的消费态度。所以说，幽默在广告当中的应用具有潜移默化的功效。据调查，在众多的广告类型当中，英国的电视观众最喜爱的是幽默诉求类广告，这也导致了在英国的电视广告总量当中，幽默诉求类广告占了将近1/3的比例，这一指数位居全球之首。在生理学当中有一些微笑研究，那就是当人们在微笑时，更多的血液会被血管送到大脑当中，这就导致大脑分泌大量的内啡肽，这一元素能够使人感觉心情愉悦。同时，该研究还指出喜剧和催眠一样对于大脑具有相似的作用，在喜剧熏陶或者催眠状态下，人们能够更加精确地去发挥注意力。所以幽默类型的广告能够将品牌观念固定在受众的脑中。

最近一段时间，众多国际广告大奖都被颁发给了泰国的幽默广告，泰国幽默广告以其生活当中的情趣反映出了泰国人民的主流心态，使广告内容充满了纯真和幽默的气氛，泰国广告的成功揭示出人类生活对快乐的向往，同时也表明幽默承载和传播信息的能力进一步提升。英泰两个国家在文化背景和生活形态上大相径庭，但对幽默内容的精练和亲和处理，让信息传播超越了现实的文化壁垒进而赢得非本文化受众的普遍认同。这一幽默表达的尝试和塑造，对于中国企业的国际广告营销，无疑具有鲜明的示范作用。

3. 重视公益广告

公益广告对广告主即企业、广告公司和媒体皆有树立良好形象、强化公益公德意识等间接功能。西方国家历来重视公益广告的教化和渗透作用，其运作的机制都是以专门的广告理事会保障实施，在文本制作中，注重简洁明快与视觉美感；在广告创意上，突出通感和幽默，让人在自然而然的感情共鸣中接受广告所倡导的观念。实践证明，跨国公司在公益广告上的巨资投入，为其世界范围的形象塑造奠定了坚实的社会基础。

1998 年，中国两则分别以教师节和保护森林为主题的公益广告在泰国获得大奖，高度肯定了中国广告人在公益广告方面的努力。从道德规范到生态保护，从重视人权到维护和平，中国公益广告的主题渐趋多元。以公益诉求为切入点的中国企业广告，正在被日益扩增的国际消费群体所领会，如果跨国公司能够将公益理念内化成强烈的社会责任而非提升企业形象的唯一法宝，如果中国的广告制作团队能够充分意识到公益广告强劲的社会效能并做出策略性的调整，中国品牌的跨文化广告传播一定能实现更大的突破。

（二）提高创意水准加强人员培训

1. 当前我国的创意广告面临的问题以及现实状况

经过长达 20 多年的发展，我国的广告产业得到了一定的提升，特别体现在行业素质、管理水平以及科技含量当中，同时我国的广告产业还在人才资源上进行了大力的应用。这些应用一方面有效地提高了我国广告产业的实力，另一方面也对广告的促销以及沟通等功能进行了一系列的强化。广告创意作为整个广告产业的核心要素已经日益受到广泛的关注和重视。

虽然我国的广告创意这方面有了不小的进步，也取得了一定的成绩，但是仍有不足之处存在，具体变现为传播形式以及表现内容等方面。问题主要出在广告个性化品牌特征不鲜明，模仿成风；跨国广告缺乏自我本地特色以及广告诉求模糊等。这一系列的问题都与广告产业的迅猛发展趋势不相符，严重影响了行业的发展与进步，同时在一定程度上还会对我国的文化品牌传播产生不好的影响。当前我国的广告创意改革措施主要就是强化广告诉求与品牌意识，以及加强本地化理念等方面上。

2. 掌握受众心理创制亲近文本

广告和广告受众一方进行互动的方式是文化媒介的作用发挥，这一方式的核心其实就是文化以及心理的交流和共享过程。民族文化是我国人民心中无法磨灭的思想内容，在广告当中自然也要重视这一重要因素。在进行广告的创新过程当中，一方面要重视语境的创设，另一方面还要重视受众一方的真实想法。最主要的就是使观众被广告的内容所打动，而这当中的关键点就是受众心中的文化内涵，通过激发观众心中的文化内涵来引发共鸣。因此，分析受众的消费心理和文化心理，创制出与解读者相接近的精神文本，是进行跨文化广告传播的有效手段。

3. 广告人员的跨文化培训

世界在经济全球化的大趋势之中形成了统一的市场，与此同时，各个国家也因为频繁的经贸交流带动了广告之间的碰撞。在这一背景之下，不管是国外的企业来中国销售产品还是我国的民族企业进军国外，各个企业都需要对目标区域受众的风俗规范、心理特征以及价值观念等有一个充分的认识。这时，在跨文化的广告行业当中，广告人员的素质以及相关培训的重要性就凸显出来了。

4. 标准化策略本土化执行

某一种产品使用全球统一的标准广告被称为标准化策略。世界各地的消费者由于受到产品质量相似且科技日益进步的影响，往往会对同类的替代商品或者相似商品具有一定的需求。而且，经济全球化也使得不同的文化进行交流与融合，消费者在这样的文化背景之下很容易就能对各类广告产生一定的认知。普世化主题往往会出现在标准化广告之中，同时，还会重金聘请明星代言，结合一定的社会流行元素以及世界通用的审美观等来进行宣传。

在当今的世界广告行业当中，已经形成了一定的共识，即使用标准化的广告策略，并且实行本土化的执行。这一共识经过发展已经形成了一定的跨国公司营销运营模式。我国也应该在广告产业当中充分结合本土化和标准化两项标准，不断为我国打造出具有鲜明民族文化特征的全球知名品牌。

第六章 应用翻译实践——科技文体翻译

科技文体是人们从事科学技术活动的过程中所形成的一种独立文体形式，涵盖科技论文、研究报告、技术标准、科技产品指南、科技著作、科普读物等多种类型，涉及自然科学和工程技术各个方面。本章首先简述英语科技文体的特点，其次介绍科技文体的翻译原则、翻译策略、翻译特点，最后介绍科技新词的翻译以及科技论文摘要的翻译。

第一节 英语科技文献的语言特征分析

科技文体不同于文学文体，具有自身的特点和规律。为了准确地描述客观世界，科技文体在语言形式上尽可能地简洁准确，在语义表达上明晰连贯，在语言使用上客观规范。科技语言与日常语言也有很大不同。在表达同一内容时，科技语言和日常语言的行文和表述方式是不同的。比如，日常生活中妈妈教孩子什么是食盐时可能会说："盐是我们做饭时用来调味的东西。"但在科普读物中，同样的意思往往会这样表述："食盐是家庭烹饪时常用的调味料。"可见科技文体强调用词严谨、语气庄重。请看下面两段英文，通过逐句比较，可以清楚地认识科技语言和日常语言在词汇、语法等方面的差异。

科技英语：Graves' ophthalmopathy usually occurs in association with hyperthyroidism（甲状腺机能亢进）. Only a small percentage of Graves' ophthalmopathy patients have no excessive production of thyroid（甲状腺）. Its occasional occurrence in the absence of thyroid disease suggests, however, that it maybe a separate autoimmune（自身免疫的）disorder.

日常英语：People usually get sick with eye disease, Known as Graves' Disease, when their body Produces too much thyroid. But not every patient is the same. A small number of patients Produce too little thyroid. So people may, sometimes, get this disease because they have a problem with their immune system.

上面两段英文都是介绍格雷夫斯眼病，分别以科技英语和日常英语撰写。科技英语，表述客观，行文简练，句式严整，用词正式，专业术语多，名词性短语多，句中主要信息前置，通过主语传递主要信息；而日常文本用日常英语撰写，表述主观，用词通俗易懂，句式简洁明白，表达方式直观。

可见，同样的内容，科技文体的行文和日常英语的表述方式有很大差异。正因如此，科技文体的翻译也不同于其他文体的翻译。在翻译科技文体文本时，译文除了需要准确和通顺外，还要得体，保持原文严谨周密、准确简练、逻辑性强的行文风格。下面进一步分析科技文体的特点，为探讨科技文体的翻译策略和技巧打下基础。

一、使用专门的科学术语

科技文体传递科学技术信息与事实，要求概念明确无误，以体现科学、准确、严谨的特征，这需要借助科技术语来实现。因此，与其他类型的文体相比，科技文体在词汇层面上表现出的典型特征就是大量科技术语的使用。如上文中，Graves' ophthal mopathy（格雷夫斯眼病）、hyperthyroidism（甲状腺机能亢进）、thyroid（甲状腺）和 auto-immune（自我免疫的）等，都是医学专业术语。

二、使用非人称句

在上文中，科技文本共三个句子，句子主语分别是 Graves' oph-thalmopathy、a small percentage of Graves' ophthalmopathy patients 和 its occasional occurrence。日常文本共四句，句子主语分别是 people、every patient、patients 和 people。两者的差异非常明显，科技文体中，句子多为正式的非人称句（impersonal formal style），即用无生命的名词作主语。日常英语中，句子多采用有生命的人作主语。一般来说，科技人员着眼于对客观事物和规律的准确描述，在很多情况下，涉及人的字眼是不必要的，而非人称句突出客观事物本身，使表达不掺杂作者的主观感情而显得更加客观。因此，科技文章往往采用非人称句。当然，人称句在科技文章中也会出现，只是占的比例很小。

三、使用被动语态

被动结构的大量使用是科技英语在句子层面最为显著的特征。据统计，在英语科技文章中，使用被动句的频率比其他各类非科技文章要高得多，科技文献中大概有 1/3 的动词需用被动语态的形式。这是因为科技文章侧重叙事推理，强调客观准确，其叙述的对象往往是事物、现象或过程，强调的是所叙述的事物本身，而非科技活动主体，第一、二人称若使用过多，会给读者造成主观臆断的印象。请看下例：

Once the mold has been made，it must be prepared for the molten metal to be poured. The surface of the mold cavity is first lubricated to facilitate the removal of the casting. Then，the cores are positioned and the mold halves are closed and securely clamped together.

此例由三句组成，七个动词都为被动形式。这样的句式既显得陈述客观，又可将主要信息前置，放在主位（Theme）的位置，利于突出主题或关键词。这也是英语科技文本广泛使用被动语态的主要原因之一。

四、使用名词化结构

因为科技文体强调存在的事实，而非某一行为动作，所以科技英语文本广泛使用表示动作或状态的抽象名词或起名词作用的动名词。

如上文科技文本中，如果把各句中表动作或状态的抽象名词（即名词化结构）换成动词来表达，则会变成下列各组的 b 句：

a. Graves' ophthalmopathy usually occurs in association with hyperthyroidism.

b. Graves' ophthalmopathy usually associates with hyperthyroidism.

a. Only a small percentage of Graves' ophthalmopathy patients have no excessive production of thyroid.

b. Only a few Graves' ophthalmopathy patients produce no more thyroid than necessary.

a. Its occasional occurrence in the absnce of thyroid disease⋯

b. Occasionally, people's getting sick with this type of eye disease has nothing to do with thyroid⋯

相比之下，a 句表达概念更加准确、严密，语气正式，突出了存在的事实；而 b 句动作性很强，表达较口语化，这种句式适合用来描述动作行为而非存在的事实。

五、使用非谓语动词

非谓语动词在句子中起名词、形容词或副词的作用，动词的非谓语形式有分词和动词不定式两种形式。非谓语动词可以代替关系从句，使语言精练，因此，在科技英语中，往往使用分词短语代替定语从句或状语从句，使用不定式短语代替各种从句。

（一）使用分词短语代替定语从句或状语从句

过去分词结构可代替包含被动词的关系从句。

例 1：图 1 中用框图表示的电源是一个单相开关逆变器。

a. The power supply, which is shown in block-diagram in Fig. 1, is a single-phase switch-mode inverter.

b. The power supply shown in block-diagram in Fig. 1 is a single-phase switch-mode inverter.

现在分词结构可代替使用主动语态的关系从句。

例 2：已经在汽车领域中接替人类工作的机器人开始出现在其他行业中，只是使用程度低一些。

a. Robots that already take over human tasks in the automotive field are beginning to be seen, although to a lesser degree, in other industries as well.

b. Robots already taking over human tasks in the automotive field are beginning to be seen, although to a lesser degree, in other industries as well.

（二）使用不定式短语代替关系从句

关系从句可用较短的不定式短语来代替，例如：

使高级语言及编程程序标准化的努力，近年来受到很大关注。

a. Efforts that are used to standardize high-level languages and compilers have received much attention in recent years.

b. Efforts to standardize high-level languages and compilers have received much attention in recent years.

比较译法 a 和译法 b，译法 b 中由于使用了不定式短语代替关系从句而更为精简。

六、使用结构复杂的长句

为了完整、准确地表达事物间的内在联系，科技文体常常使用长句来解释科学现象或科技名词和术语。例如：

月球完全是一个毫无生气的世界，是一片多山的不毛之地。在酷热的白昼，太阳向它倾泻着无情的烈焰，而漫长的严寒却远远不是我们在地球上所能体验到的。

The moon is a world①that is completely and utterly dead, a sterile mountainous waste on②which during the heat of the day the sun blazed down with relentless fury, but③where during the long night the cold is so intense ④that it far surpasses anything, ever experienced on the earth.

此例采用合译法，将原文的两个句子合译成一个复杂的英文长句，含有四个关系句：①是由关系代词 that 引导的定语从句，修饰 a world；②是介词 on + 关系代词 which 引导的定语从句，修饰 a world 的同位语 a sterile mountainous waste；③是关系副词 where 引导的定语从句，也修饰 a sterile mountainous waste；④是 so…that 句型的结果状语从句。

第二节　英语科技文体的翻译原则和策略

科学的根本任务在于认识事物和现象的本质，揭示其运动规律，并将这些知识用于生产实践。科学家主要进行分析、归纳、推理、论证等思维活动，科学的语言自然具有专业性、抽象性、概括性、精确性、严密性、紧凑性、逻辑性等特点，因此科技文体的翻译应遵循专业、客观、精确、简洁四大原则。在科技翻译中，译文用语要规范，要具有专业性和学术性；译文表达要真实客观、严谨准确；译文用词要精练，要用最少的词句表达最多的信息。

一、专业性

科技文体专业性强，大量使用专业名词和科技术语。所谓科技术语，是指在科技语言中有着精确和单一意义的词，这种词即使出现在口语中，也会让人感到它们属于某一专业领域。在科技文体中，无论是概念的解释还是原理的阐述，都要使用准确的术语和严谨恰当的措辞，不能含混不清或模棱两可，更不能出现错误。作为科技文体的翻译者，不但要有丰富的专业知识，还必须具备娴熟的双语专业词汇转换能力。例如：shoulder 一词，常用意思是"肩膀或肩负、承担"，但在土木工程文献中常译作"路肩"；surface finish 在冶金专业文献中应该译作"表面光洁度"。译者一定要有敏感的专业意识和厚实的专业基础，才能有效地排除科技翻译上的疑难。如果不能准确地把握术语的专业性，译文就会让读者不知所云。如果要翻译某个行业的科技资料，译者一定要事先熟悉基本的专业术语，本着严谨的态度，查阅相关专业资料、词典或百科全书，切忌望文生义。例如，在科技文献中，bearing 可能会被译作"轴承"、machine 译作"切削或机械加工"、tolerance 译作"公差"、dog's ears 译作"轧件表面上的疤痕"，等等。通常，科技术语可采用以下三种译法。

（一）科技文的意译

在翻译科技术语时，应尽可能采用意译，以准确译出原词所表达的科学概念。例如：

liquid-crystal 液晶

horsepower 马力

Data stream 数据流

活性表面 active surface

压扁试验 squeezing test

长征二号 F 运载火箭 Long March 2F rocket

（二）科技文的音译

音译是指根据原词的发音译成目的语中读音与原词大致相同的词。一般来说，在科技术语初次译入目的语时，由于还未形成广为接受的规范译名，可能会直接音译，等到时机成熟时，有些音译词又渐渐会被意译词所取代，不过也有少量的音译词保留下来。例如：

sonar 声呐

karst 喀斯特（地形）

hertz 赫兹（频率单位）

天宫一号 Tiangong-1

神舟八号 Shenzhou-8

阴阳（中医）Yin Yang

音译逐渐被意译取代的词，如 penicillin 先音译为"盘尼西林"，后被意译"青霉素"取而代之；E-mail 初译为"伊妹儿"，后来其意译"电子邮件"逐渐普及；vitamin 原音译为"维他命"，今天大多使用"维生素"。

（三）科技文的"形+意"或"音+意"结合译法

这种翻译方法是保留原术语或词的一部分音译或不译，而另一部分意译。例如：

T-steel T 型钢；丁型钢

X-ray X 射线

B-2 bomber B-2 轰炸机

ZR 关系 Z-R relationship

X 标杠理论 X-Bar Theory

锯齿扫查 Zigzag scan

科技术语的翻译，选词用字必须是规范的技术词语，既不能用日常词语代替科技词语，也不能舍弃约定俗成的规范技术词语不用，随意创造"技术新词"。通常翻译科技术语时需注意以下四点。

第一，科技术语的译名应注意规范化和统一化，凡约定俗成的译名，不宜随意更动。科技名词作为知识传播与科技交流的载体与工具，促进科技和文化发展。人们经过长期实践而认可的科技术语，不宜轻易改动，否则会造成新的混乱，影响各方的交流。《科学时报》就曾专门刊登过文章，讨论海峡两岸因术语不统一影响到合作交流："海峡两岸本是同祖同根，同文同语，然而，50 多年的骨肉分离已经影响到术语的使用和交流，在两岸经贸、文化、学术交流中，因术语不同而影响理解的'梗阻现象'也越来越频繁。据媒体报道，2005 年春节海峡两岸包机，飞行员与地面指挥塔台的对话，就存在名词术语的沟通障碍。结果为了确保安全，两岸包机飞行员与对方地面指挥塔台的对话只得用英语术语来沟通。"

译名不统一必然造成交流双方沟通困难，因此，科技术语译名的规范化和统一化是译者必须遵循的首要原则。Myocardial Infarction 是译成"心肌梗塞"，还是"心肌梗死"？Arrhythmia 是译成"心率不齐"，还是"心律不齐"？译者应以约定俗成为指导性原则。也许上述两个名称比较常见，这点文字上的细微差别似乎无关紧要。但是，如果涉及不常见或根本没见过的术语，例如抗寄生虫药物 Albendazole 一词，有的译为"阿苯达唑"，有的则译成"丙硫咪唑"，若不加以规范统一，则可能导致病人误以为是两种不同的药而过量服用的危险。又如大气科学中的 nowcast 一词，业内已经采纳了最能代表其内涵的"临近预报"为其规范译名，就应该淘汰"现时预报""现场预报""即时预报"和"短时预报"等其他译名。

第二，在同一篇文章或同一本书中，专业术语的译名必须全篇统一，否则会影响译语读者对译文的理解。

下面一例，ergonomics 一词在该篇文章的汉译中没有使用统一的译名，因而读起来令人费解。

Ergonomics is a complex science—a mix of biology, psychology, engineering and design, that studies the interaction and relationship between humans and the surrounding. The place where the importance of ergonomics is most commonly articulated is in the office. We may have what we call an ergonomlc chair. We may have an ergonomic key board or an ergonomic mouse. Like most people who sit at a desk with a computer all day, you've probably got a sore back, throbbing knees, aching wrists, and eyestrain. Sound about right? Then you need to familiarize yourself with ergonomics.

人机工程学是一门融合了生物学、心理学和工程设计的复杂科学，主要研究人和环境的相互作用关系。办公室是最能体现工效学重要性的场所：有人体工学椅子、有人体工学键盘或人体工学鼠标。和大多数整天坐在办公桌电脑前的人一样，你可能感到背痛，膝盖阵痛，手腕疼痛以及眼睛疲劳。听起来确实如此？那么你就有必要了解一下什么是人类功效学。

此例译文中，术语 ergonomics 在同一段中被译成四种不同的译名，分别是"人机工程学""工效学""人体工学"和"人类功效学"。译名不统一不仅会误导读者，更会造成理解上的困难，必须避免。

第三，科技新词的译名要能正确表达出事物的真实含义，要尽量译出原词的确切含义，必要时可辅以音译。

例如，vital signs 不能简单地字对字地翻译成"重要的"（vital）＋"符号"（signs）＝"重要符号"，而应该译出该词本身的含义"生命体征"。又如，dust off 不能译成"尘土"（dust）＋"离开"（off）＝"尘土离开"，而应译成"战地救护直升机"。该词因战地救护直升机起飞和降落时扬起尘土而得名，译名体现了事物的真实含义。此外，有些科技新词如 Internet，如果类比 international 译成"国际的"的译法，Internet 则会被译成"网际"。但"网际"太过抽象，显然不适合用来指称一件事物，似乎更适合描述一种状态，在这种情况下应该另辟蹊径，直译 net 并辅之以 Inter 的音译，最终译成"因特网"——词的重心落在"网"字上，词义是"一种网络"，确切含义一目了然。再如 gene bank 一词，gene 已有现成的音译名，所以顺理成章地译成"基因库"。

第四，注意同一术语在不同的专业领域会有不同的译法。有些科技术语虽然在某一专业只有一个词义，但是在其他专业中又有其他词义，译者在翻译时要认真考究，按其不同的含义分别定名，对号入座，不要张冠李戴。比如，plasma 一词，物理学将其定名为"等离子体"，而医学则将其定名为"血浆"。又如 series 一词，在化学上译作"系"，在地质学上译作"统、段"，在数学上译作"级数"，在电学上译作"串联"，而在动物学上又译作"列、组"等。

二、客观性

科技文献以客观世界的万事万物为研究对象，反映的是事物发展的客观规律，因此，客观性是科技文体的重要特征。在汉译英时，译者可以采用"非人称句和被动语态"的句型和语态手段来实现译文语言上的客观。

非人称句和被动语态避免了采用第一、二人称或施事者为主语而造成的主观色彩，使句子意思表达清晰、结构简洁、客观性强。请看译例：

例1：我们的体温是靠消耗血液中的糖分来维持的。

a. We keep our body warm by consuming sugar in the blood. （日常英语）

b. Our normal body temperature is maintained by the consumption of sugar in the blood. （科技英语）

c. The maintenance of Our normal body temperature is achieved by the consumption of sugar in the blood. （科技英语）

译文 a 用第一人称作句子主语，使叙事者置身其中，显得比较主观；此外，叙述的语气是一种个人观点的表达，不够客观。相比之下，译文 b 和 c 使用非人称句和被动语态，既突出了关键信息 maintenance of Our normal body temperature，又表达了一种客观事实。译文 a 与译文 b、c 的不同在于 idea 和 fact 的区别：译文 a 表达的是 an idea，译文 b 和 c 陈述的是 a fact，后两种译法比第一种译法更正式、更庄重。请再看一例：

例2：为了连接金属部件，常用机用螺钉、固定螺丝钉和内六角螺栓。机用螺钉常用螺丝刀来固定。

a. People frequently use machine screws, set screws and cap screws to fasten metallice lements. They usually apply machine screws with a screw-driver.

b. For fastening metallice lements, machine screws, set screws and cap screws are frequently used. Machine screws are usually applied with a screwdriver.

比较两种译法，译文 a 采用主动语态，分别用 people 和 they 作主语，使译文带上主观色彩，而这一点在科技翻译中应该尽量避免。而译文 b 采用非人称句且使用被动语态，两个主语都指向客观事物，体现了很强的客观性。

科技英语中有 1/3 的句子是被动句，而汉语中被动语态使用的频率要小得多，所以在汉译含被动语态的句子时，要注意汉语的表达习惯，不必拘泥于两种语言形式上的对应。通常可作如下处理：

第一，译成主动句：若原文中已含有施动者，就将其译成主语；若原文中没有施动者，则根据上下文补充一个主语，或增加"大家""人们"等泛指性主语。

例 1：Water can be changed from a liquid into a solid.

a. 水能被从液体变成固体。

b. 水能从液体变成固体。

译文 a 将此句译成汉语的被动句，不符合汉语表达习惯，读起来别扭。译文 b 将此句译成汉语的主动句"水能从液体变成固体"，通顺流畅得多。再看一例：

例 2：Captured under water noise was transmitted directly from the hydro-phone to operator's ear-phones.

a. 被捕捉到的水下噪声直接被水中听音器传递到操作员的耳机中。

b. 水中听音器将捕捉到的水下噪声直接传递到操作员的耳机中。

主动句译文 b 较之被动句译文 a 更通顺，更符合汉语表达习惯。

第二，译成无主句：当不愿、没有必要或不可以说出施动者时，则采用无主句来表示。

例 3：A gas may be defined as a substance which remains homogeneous.

a. 人们可以把气体定义为一种始终处于均匀状态的物质。

b. 所谓气体就是一种始终处于均匀状态的物质。

译文 a 补充泛指主语"人们"，使读者觉得气体可以有好几种定义，既可以这样定义，也可以那样定义，明显不如译文 b 的无主句表达客观。

第三，译成被动句：需要特别突出被动者或特别强调被动动作时，可译成汉语的被动句。

例 4：The substance which gives up hydrogen is said to be oxidized and the one which accepts the hydrogen is said to be reduced.

放出氢的物质被称为氧化了的物质，而接受氢的物质被称为还原了的物质。

英语原文突出 the substance which gives up hydrogen，翻译时仍然把原文强调的信息放在主位的位置上，译成"放出氢的物质"，将整个句子译成汉语的被动句，以突出英语原文的意图。

总之，客观性是科技文献的重要特征之一，是科技英语翻译的要求，译者应该从内容和表达形式上满足这种要求。

三、准确性

科技文体的非文学性决定了科技翻译应遵守"准确为主、平实为体"的基本原则。准确性是科技语言的灵魂。科技文体翻译的准确性是指译文要忠实于原文，要语意确切、论证周详，以保持原文与译文所表达的意义一致。要做到准确翻译科技文本，在表达上必须注意以下三个方面。

（一）规范性

科技文体讲究语言规范，译文也必须用符合科技文体规范的语言来表达。请看译例：

例 1：The instrument is used to determine how fully the bakeries are charged.

a. 这种仪表用来确定电瓶充电的程度。

b. 这种仪表用来测定电瓶充电的程度。

译文 a 将 determine 一词译作"确定"不符合专业规范，而译文 b 将其译为"测定"，才是准确的表达。

例 2：All bodies consist of molecules and these of atoms.

a. 所有的物体都由分子和原子所组成。

b. 所有的物体都是由分子组成，而分子又由原子组成。

原文是一个并列句，为了避免重复，第二个 of 前省略了谓语动词 consist，并用 these 指代 molecules。译文 a 没有正确理解原句，也忽略了分子和原子之间的关系，漏译了 these of atoms 中的指示代词 these，所以不准确。译文 b 则忠实地再现了原文的内容，表达准确。

汉译英也存在同样的情况，例如：

如果不适当地处理，锅炉及机动车排出的废气就会造成城市空气污染。

a. Exhaust from boilers and vehicles causes air pollution in cities, unless it is properly treated.

b. Exhaust from boilers and vehicles, unless properly treated, causes air pollution in cities.

译文 a 中 unless it is properly treated 放在句末，容易引起歧义，让读者误解为修饰"空气污染"，而实际上该成分是修饰 exhaust 的。译文 b 采用非谓语动词形式插在句中，修饰 exhaust，表意精准，避免了可能的误解。

（二）逻辑性

科技文章概念明确，逻辑严密，表述经得起推敲。请看译例：

A seed consists of an embryo, a supply of food and one or more seed coats surrounding the young plant and its food supply.

a. 种子含有胚、胚乳和一层或几层包在幼苗和它的胚乳外面的种皮。

b. 种子含有胚、胚乳和一层或几层包在胚和胚乳外面的种皮。

分析原句各成分之间的内在逻辑，seed 包括 an embryo，a supply of food 和 one or more seed coats，并且 seed coats 是裹在 young plant 和 food supply 外面的一层或几层种皮。Young plant 前有定冠词 the 特指前面提到过的事物。根据各成分之间的关系，可以判断 the young plant 和 an embryo 指的应是同一事物"胚"，译文 a 把 the young plant 译为"幼苗"是误译，语言表达上突然出现第四样事物，与前文内容逻辑上产生冲突。译文 b 才是正确的译法。

同样的情况也存在于科技文本的汉译英中，例如：

大小备件都应分类储存。

a. Large and small spare parts should be classified and stored.

b. The spare parts, large or small, should be categorized in the storehouse.

原文中隐含的逻辑关系是："所有备件，无论大小，都应该分类储存。"译文 a 没有体现这种隐含的逻辑关系，而是把"大小"译成定语，变成了"大的和小的备件应该分类并储存"，而把"非大非小或中等大小"的备件排除在外，曲解了原文的含义。译文 b 才准确表达了原意。

（三）使用长句

科技论文表达科学理论、原理、规律以及各事物之间错综复杂的关系，而很多时候复杂的科学思维无法使用简单句来表达，所以语法结构复杂的长句便较多地应用在科技英语当中。科技英语长句通常结构复杂，修饰成分相互套嵌，语序错综，在翻译时有一定难度。为了使译文逻辑严密、层次分明，译者需要对英语长句进行解构，然后根据叙述层次和顺序重组。就翻译方法而言，可以分为顺序法、逆序法、分译法和重组法四种。

1. 顺序法

所谓顺序法，是指译文基本保留原文的语法结构，在语序上不做较大变动。当英语长句的叙述和逻辑顺序与汉语相近时，可以按照英语的原文顺序逐次翻译，但要注意定语从句和被动语态的处理。长句汉译英的处理原则相同。

例1：Many man-made substances a rereplacing certain natural materials because either the quantity of the natural products cannot meet our ever-increasing requirement, or more of ten, because the physical properties of the synthetic substances, which is the common name for man-made materials, have been chosen, and even emphasized so that it would be of the greatest use in the field in which it is to be applied.

许多人造材料正在取代某些天然材料，这或者是因为天然产品的数量不能满足人类不断增长的需求，或者更多的是因为合成材料（各种人造材料的统称）的物理特性被选中，甚至被突出，以便它在拟用领域能发挥最大的作用。

例2：交流机不受这种限制，唯一的要求是相对移动，而且由于固定电枢和旋转磁场有很多优点，这种安排是所有容量超过几千伏安的同步机的标准做法。

No such limitation is placed on an alternating-current machine; here the only requirement is relative motion, and since a stationary armature and a rotating field system have numerous advantages. This arrangement is standard practice for a Hsynchrous machines rated above a few kilovolt-amperes.

2. 逆序法

当英语长句的表达和逻辑顺序与汉语习惯不相同甚至完全相反时，一般用逆序法翻译：从原文的后面译起，按汉语习惯逆着英语原文的顺序进行翻译。

例1：Aluminum remained unknown until the nineteenth century, because no where in nature is it found free, owing to its always being combined with other elements, most commonly with oxygen, for which it has a strong a ffinity.

铝总是和其他元素结合在一起，最常见的是和氧结合在一起，因为铝对氧有很强的亲和力，因此，在自然界任何地方都找不到处于游离状态的铝，所以铝直到19世纪才为人所知。

例2：各种机器零件无论多么脏，形状多么不规则，用超声波处理后，就可以被洗得干干净净，甚至干净得像新零件一样。

Various machine parts can be washed very clean and will be as clean as new ones when they are treated by ultrasonic, no matter how dirty and irregularly shaped they maybe.

3. 分译法

有时英语长句中主语或主句与修饰词的关系并不十分密切，翻译时可以依汉语多用短句的习惯，把长句的从句或短语分译成几个单句，再依据单句之间的逻辑关系重新组织。

例1：Odd though it sounds, cosmic inflation is a scientifically plausible consequence of some respected ideas in elementary-particle physics, and many a strophysicists have been convinced for the better part of adecade that it is true.

宇宙膨胀学说虽然听似奇特，但它是基本粒子物理学中一些公认理论的科学合理的推论。许多天体物理学家过去十年来都认为这一论说是正确的。

例2：一个结构受到的载荷可以分为静载和动载两类。静载包括该结构各部分的重量。动载则是由于人和可移动设备等的重量而引起的载荷。

The loads a structure is subjected to a redivided into dead loads, which in clude the weights of all the parts of the structure, and live loads, which are due to the weights of people, movable equipment, etc.

4. 重组法

当上述几种译法都无法流畅地表达原文的句意时，为了使译文流畅且更符合汉语叙事习惯，在厘清长句结构、弄懂长句原意的基础上，彻底摆脱原文语序和句子形式，在翻译时对句子进行重新组合。

例1：With the advent of the space shuttle, it will be possible to put an orbiting solar power plant in stationary orbit 24,000 miles from the earth that would collect solar energy almost continuously and convert this energy either directly to electricity viaphotovoltaic cells or indirectly with flat plate or focused collectors that would boil a carrying medium to produce steam that would drive a turbine that then in turn would generate electricity.

随着航天飞机的出现，将一个沿轨道运行的太阳能发电站送到离地球24,000英里的定常轨道上去将成为可能。太阳能发电站几乎不间断地收集太阳能，并用光电池将太阳能直接转换成电能，或者用平板集热器或聚焦集热器将太阳能转换成电能，即集热器使热传导体汽化，驱动涡轮机发电。

例2：低温学的过冷作用将液态氦及某些气体变成"超流体"，将某些金属变成"超导体"，使它们没有电阻，从而在很多方面改变世界面貌。

The super-cooling effects of the cryogenics which convert liquid helium and other gases into "superfluids" and metals into "superconductors". Making them non-resistant to electricity, could change the world in a number of ways.

四、简洁性

用简洁的语言表达精确的内容是科技文体的特点。鉴于汉、英表达上的差别，在翻译科技英语的过程中，不能受英语语言形式的制约，必须根据汉语表达习惯进行精简，避免结构臃肿。试看下面两例：

例1：A typical foliage leaf of a plant belonging to the dicotyledons is composed of two principal parts：blade and petiole.

a. 一片属于双子叶植物科的典型的营养叶由叶片和叶柄这两个主要部分组成。

b. 双子叶植物典型的营养叶由两个主要部分组成：叶片和叶柄。

译文 a 的表达太拘泥于源语形式，明显受英语形合语言的影响，句子冗长，句意不清晰。译文 b 将"一片属于双子叶植物科的典型的营养叶"换成"双子叶植物典型的营养叶"后，显得简洁，更具科技语言风格。

例2：It is a common property of any matter that is expanded when it is heated and it contracts when cooled.

a. 任何物质，如果遇到热，它就会膨胀，如果遇到冷，它就会收缩，这是共性。

b. 热胀冷缩是所有物质的共性。

译文 b 省略了不必要的词，并做了语序调整，符合汉语特点，明显比译文 a 简洁。

在汉英科技翻译过程中，可以使用名词化结构、非谓语结构、with 引导的伴随状语和介词短语等手段使译文简洁。

（一）使用名词化结构

名词化结构主要由"动词名词化 + of + 普通名词"构成。该结构可以代替句子传递等值的信息，使逻辑关系更明确，表达更严密。使用名词化结构，可增加词句负载信息的容量。请看下例：

例1：阿基米德最先发现固体排水的原理。

a. Archimedes first discovered the principle that water is displaced by solid bodies.

b. Archimedes first discovered the principle of displacement of water by solid bodies.

译文 b 使用了名词化结构 displacement of water，代替译文 a 中的同位语从句 that water is displaced，一方面简化了句子，另一方面强调了 displacement 这一事实。请看另一例：

例 2：添加或者去除热量可以改变物体的状态。

a. If we add or remove heat, the state of matter may change.

b. The addition or remove of heat may change the state of matter.

译文 a 和译文 b 意思基本一样，不同之处在于：译文 b 为简单句，译文 a 为复杂句；译文 b 使用名词化结构，译文 a 使用主动语态的从句；译文 b 主语为物，译文 a 中从句的主语为人；译文 b 的信息焦点在名词化结构上，译文 a 的信息焦点在分句的动宾结构上。从句子结构来看，译文 b 要比译文 a 简洁；从表达方式看，译文 b 要比译文 a 客观。总之，译文 b 更符合科技文体的风格。

（二）使用非谓语结构

科技英语行文简练、结构紧凑，往往会采用分词短语、分词独立结构或不定式短语来代替各类从句。

例：热量从地球辐射出来，使得气流上升。

a. When it is radiating from the earth, heat causes air currents to rise.

b. Radiating from the earth, heat causes/forces air currents to rise.

（三）使用 with 引导的伴随状语

例：大多数金属都是良导体，而银是最好的导电金属。

a. Most metals are good conductors, and silver is the best of the metals that conducte lectricity.

b. Most metals are good conductors, with silve rbeing the best.

（四）使用介词短语

例：蓄热储能材料的选择应有效降低热耗。

a. Materials which are used for heat storage and accumulation a rechosen so as to effectively reduce heat loss.

b. Materials for heat storage and accumulation are chosen so as to effectively reduce heat loss.

从以上各类译例可以看出，将中文的科技文章翻译成英文，可以通过各种策略使译文更加简洁。

第三节　科技论文摘要的翻译

一、科技论文摘要及其特点

摘要（Abstract）是论文内容的高度浓缩。作为学术论文的重要组成部分，论文摘要提供给读者的信息包括论文的主要概念和讨论的主要问题。论文摘要一方面有助于编辑人员判断该论文是否有录用的价值；另一方面也有助于读者决定是否有必要进一步细读全文。通常，好的论文摘要在内容和形式上具有以下特点。

（一）内容完整性

摘要可以看作一篇结构完整、内容具体的"微论文"，它可以独立于论文而存在，所以是完整的、独立的、能充分说明论文内容的简短陈述。读者即使不阅读全文也能对论文的主要信息有较全面的了解。

（二）语言经济性

论文摘要篇幅短小。学术论文摘要的长度一般为正文字数的2%～3%，国际标准化组织建议不少于250词，不超过500词。摘要过短无法涵盖论文内容，太长则不能突出重点。针对这一点，美国的The Engineering Index就要求：摘要中应取消或减少背景信息；不出现本学科领域的常识性内容，只叙述新情况、新内容；不涉及未来计划；不加进文章内容以外的解释和评论，尤其是不自我评价，以提高语言的使用效能。此外，摘要不宜加入公式、图、表以及非公用的符号，内容要求简明扼要，一般包括该项研究的目的、背景、对象、方法、结果、结论以及结论的适应范围等。

作为科技翻译的一个重要组成部分，学术论文摘要的翻译一要做到"信"，忠实于原文；二要符合学术论文摘要的语言使用规范。

二、科技论文摘要翻译技巧

（一）常用动词的互译

中、英文学术论文摘要写作都会使用一些较为固定的谓语动词，在翻译时，可以直接使用英、汉谓语动词对等词。

（二）程式化句子的互译

在翻译论文摘要时，除了常用的谓语动词可以直接对应转换外，一些不常用的句子也可以对应转换。无论是中文还是英文科技论文的摘要，都会使用一些固定的表达方式，形成许多程式化的句子，翻译时，可以直接套用对应的程式化句式。

论文摘要开头句开门见山、点明主题，其常见英汉对应句式如：

本文简要介绍了……

This paper gives a brief introduction to…

本文详细描述了……的研究

This article describes a detailed study of…

本文讨论了……

This paper discusses…

本文介绍了一种新的……方法

In this paper, a new method is described for…

本文对……进行了分析

In this paper, ananalysis of…was carried out…

用来进一步概述文章具体内容的常用句式，例如：

本研究拟……

The aim of this study is to…

本研究以……为理论基础

Our study of…is based on…

本研究拟对……进行分析和对比

This research sets out to an alyzeand compare…

本研究结论与……进行对比

Comparison of our results with…

用来总结全文或提出建议的常用句式，例如：

研究得出结论……

It concludes that…

研究结果表明……

The results hows that…

研究发现……

It finds that…

本研究建议……；本研究提出……

This researchs uggests（proposes）that…

（三）时态的处理

英语科技论文的摘要所用的时态变化相对简单。一般过去时主要用于对研究和实验的具体陈述，一般现在时主要用于介绍研究目的、内容、结论等客观事实，两者使用广泛。不过，由于中、英文在表达习惯上存在一定差异，所以在互译过程中要注意区分实验和事实，并进行相应的时态转换。请看下面两例翻译的时态转换：

例1：①This experiment was performed to determine the factors that positively influence enzyme reaction rates in cellular activities since some enzymes seem to be more effective than others. ②Catecholase enzyme activity was me asured through its absorption rate in a spectiophotometer, using light with a wave length of 540nm. ③We compared the absorbance rates in samples with varying enzyme concentrations and a constant pH of 7, And with samples with constant enzyme concentration and varying pH levels. ④The samples with the highest enzyme concentration. Had the greatest absorption rate of 95 percent compared to the sample with the lowest concentration and an absorption rate of 24 percent. ⑤This suggests that a higher concentration of enzymes leads to a greater product productionrate. ⑥The samples with a pH between 6 and 8 had the greatest absorptionrate of 70 percent compared to an absorptionrate of 15 percent with a pH of 4；⑦this suggests that Catecholase is most effective in aneutral pH ranging from 6 to 8.

①某些酶似乎比其他一些酶在细胞活动中活性更强，所以进行该项实验以测定细胞活动中积极影响酶反应速度的因素。②本项实验使用波长为 540 纳米的光，通过分光光度计测量儿茶酚酶的吸收率进而测定其活性。③我们把具有不同酶浓度和恒定 pH 7 值样品的吸收率和具有恒定酶浓度和不同 pH 值样品的吸收率进行了比较。④酶浓度最高的样品吸收率最大（高达 95%），与此相比，酶浓度最低的样品吸收率最小（仅为 24%）。⑤这表明，酶的浓度越高，产品生产率就越大。⑥pH 值在 6 和 8 之间的样品吸收率最大（为 70%），与此相比，pH 值为 4 的样品吸收率仅为 15%。⑦这一点表明儿茶酚酶在中等 pH 值范围内（介于 6 和 8 之间）活性最大。

原文共 7 句。句子①②③⑥是对研究和实验的具体陈述，所以时态为一般过去时；句子⑤⑦介绍研究结论，是对客观规律和事实的陈述，所以采用一般现在时（而在汉语译文中，由于汉语没有屈折变化，根据表达习惯，除了句③用了语气助词"了"，其他句子均没有加"了"）。

例 2：①旋转超声端面铣削（RUFM）工艺方法是一种高效的脆性

材料加工方法，本文提出将其应用于光学玻璃的平面加工。②通过对压痕断裂力学理论、脆性材料的材料去除特性和金刚石磨粒运动学原理的分析，建立了脆性材料 RUFM 去除模型。③在此基础上，开展 TRUFM 和 K9 钻石铣加工光学玻璃的对比试验。④扫描电子显微镜（SEM）观察两种加工方式的表面形貌显示：与传统的 K9 钻石铣加工方法相比，RUFM 以较小的碎屑完成材料去除，具有较小的径向裂纹和侧向裂纹尺寸。⑤亚表面损伤磁流变抛光斑点检测的结果表明：RUFM 可以更有效地降低光学玻璃加工亚表面损伤深度。⑥理论和试验研究表明，RUFM 工艺方法是光学玻璃等脆性材料的有效加工方法。

①Rotary ultrasonic face milling（RUFM）. An effective processing method for brittle materials, was introduced into flat surface machining of optical glass. ②Amaterial removal model was presented for RUFM based on the analysis of the indentation fracture mechanics theory, the material removal characteristics of brittle material sand the kine matics and dynamics of diamond grats. ③And the surface properties given by RUFM and diamond milling of K9 glass were compared. ④The surface topographies observed by a scanning electron microscopy（SEM）show that the sizes of radial cracks, lateral cracks and chipping with RUFM are smaller than with traditional processing. ⑤Subsurface damage observations of optical glass show that RUFM more effectively reduces the subsurface damage depth than traditional processing as determined by the magnetorheological finishing spots test method. ⑥This theoretical and experimental research shows that RUFM provides effective processing method for brittle materials such as optical glass.

此例原文前 3 句①②③是对研究和实验的具体陈述，④⑤⑥介绍研究结论，是对客观规律和事实的陈述。因此，翻译成英语时，①②③用一般过去时，后 3 句采用一般现在时。

（四）人称代词与语态翻译的处理

GB/T 6447—1986《文摘编写规则》（2008）规定：中文摘要"要

用第三人称的写法"；应采用"对……进行了研究""进行了……调查"等记述方法；标明文献的性质和文献主题。对国内科技期刊"投稿/稿约要求"进行调查，不难发现绝大多数期刊对中文摘要在人称代词与语态的使用方面做了具体要求，如使用第三人称、不得使用被动句等。中文期刊所附的英文摘要基本上是从中文摘要翻译过来的，这就要求译者必须根据英文摘要的具体特点进行得体的转换。根据陆元雯 2009 年对数学、物理、农业和医学四个学科的 12 种期刊（其中美国期刊 7 种、英国期刊 4 种、德国期刊 1 种）中的 1562 篇英文科技论文摘要的语料统计分析结果，科技论文英文摘要中极少使用第一人称单数 I、第二人称 you、第三人称 he 和 she；较少使用人称代词的宾格；提倡使用第三人称单数 it 作主语用于被动语态、系表结构和"it + 主动态动词 + 宾语"结构，第三人称复数 they 主要出现在"they + 主动态动词 + 宾语"结构中；主动语态中可用第一人称复数 we 作主语。如果从话语功能的角度来概括英文摘要中人称代词的使用，那就是：在叙述研究内容、研究过程和研究方法时，可用 we 作主语，用主动语态；表达研究结果和结论时，主要用 it 作主语；指代前文出现过的名词主要用 they。在摘要的英、汉互译过程中，应考虑中、英摘要各自对人称以及语态的使用要求。

例：①高速大吨位起重机大量用于制造业、港口运输业和建筑业，目前是以人工操作为主，自动化程度低。②为了有效解决实现起重机自动化的关键技术问题，建立了回转塔式起重机实验台，用于研究起重机动力学和控制策略的有效性。③回转塔式起重机实验台由回转机构和变幅机构组成，模拟回转塔式起重机的变幅运动和回转运动。④本文确定了回转塔式起重机实验台的总体结构方案以及变幅运动和回转运动的传动方案。⑤研究结果表明这一实验台的建立对实现起重机自动化，提高工作效率、安全性、可靠性有着重要的意义和价值。

①High speed and big tonnage cranes are widely used in manufacturing, harbor transportation and construction, but most of the cranes are operated manually with low automatization. ②To cope with the key technical problems and realize the automation，we set up an experimental system for rotary tower cranes so that the validity of crane dnamics and proposed control strategies could be experimented. ③The experimental system consists of a rotary mechanism and a luffing mechanism and is used for the simulation of luffing motion and rotating motion of rotary tower cranes. ④We designed not only the overall scheme for the flame of this system，but also the scheme for transmission of luffing motion and rotating motion. ⑤It is concluded that the erection of this system is valuable and significant for the crane in its automatization，efficiency，safety and reliability.

为方便对比分析，我们将上例中文摘要和英文摘要中谓语部分进行对比，如下所示：

① ……大量用于……以人工操作为主	①…are widely used…but…are operated…
② 为了……建立了……	②To cope with…we set up…
③……由……组成，模拟……	③ …consists of…and is used for…
④本文确定了……方案	④We designed…
⑤研究结果表明……	⑤It is concluded…

中文摘要共5句，均采用第三人称视角，句子主语分别是"起重机、（无人称）、实验台、本文、研究结果"，使用的基本上都是主动语态。相比较而言，英文摘要较少使用主动语态。具体分析：句①③是对客观规律和事实的陈述，所以译成被动语态且使用一般现在时；句②④叙述研究内容、研究过程和研究方法，可用 we 作主语，译成主动语态并且使用一般过去时；句⑤表达研究结果和结论，用 it 作主语，译成被动语态，使用一般现在时。由于两种语言在论文摘要的组句谋篇上方式不同，所以在翻译过程中必须针对不同的情况作相应的处理。

第七章　应用翻译实践——法律文书翻译

法律翻译不同于文学翻译，它追求译文的准确和一致，因此法律翻译对等是法律翻译研究中的一个重要内容。法律翻译是一种跨法系和跨语言的语码转换，它涉及语言、法律、社会和历史等诸多因素，绝对对等的法律翻译是理想化的。

第一节　法律文体与法律翻译

一、法律语言

法律文体指在立法和司法等活动中形成和使用的具有法律专业特点的各种话语文本，包括法律、法规、条例、规章、协定、判决、裁定、合同、章程、契约等。法律文体使用的语言即法律语言，它与我们日常使用的语言有很大不同。

法律语言由于其特定的专业局限性，并不好被广泛理解，所以它被称之为"专门技术语言"，法律语言中有很多专业化、抽象化的词语，包含很多法律概念和法律专业术语，只有法律人才懂得内在的含义。尤其是法律英语，在普通法产生以后，随着不断地沿革，法律英语的很多词语词义和法律文本的语法结构都在不断地改良、质变，即使是英美法系的公民，也很难理解法律英语。由于理解难度系数大，翻译的难度更是难上加难，很多法律语言的译文都让读者非常费解，所以，只有母语和外语法律知识都精通的"法律人"才能将法律语言运用自如。

德博拉·曹（Deborah Cao）认为法律语言主要具有规范性（normative nature）、行为性（performative nature）、技术性（technical nature）和不确定性（indeterminative nature）四大特征。这些特征主要通过词汇、句法、语用及语体显现，由此使得法律语言成为可识别的一种语言体系。

法律的基本功能就是指导人的行为，规范人与人之间的关系。表现为命令、定义、强制执行某种约定、关系或程序，维持社会共同遵守的行为模式。自然地，实现这些法律功能的法律语言就表现为规定性、命令性及祈使性。法律语言是一种规范性语言，它的主要功能就是规范社会中人与人之间的行为。

与法律语言的规范性密切相关的是法律语言的行为性。法律依靠语言来实现其法律功能。约翰·朗肖·奥斯汀（John Langshaw Austin）和约翰·罗杰斯·塞尔（John Rogers Searle）认为语言的重要功能就是以言行事。如果在法庭上法官说"你有罪"或者"你将被判处服刑1年"，那么你的生活就会被改变。法律语言的这种行为性正是法律实现其规范人的行为、陈述义务、发出禁令和允许的一种手段。

法律语言是一种独特的技术性语言。法律语言的独特性在于，它以法律体系和特定的法律制度的存在为前提。法律语言的技术性还体现在其词法、句法上。法律术语只有在特定的法律体制和法律制度的语境下才有意义。

法律语言还具有不确定性，主要表现在两个方面：一是语言本身存在模糊性，这种模糊性无处不在，这种不确定性根深蒂固，无法根除；二是法律概念的模糊性导致了法律语言的模糊性。尽管法律本身要求准确、严谨，但法律语言的不确定性是无法避免的，它可以是语言内的，也可以是不同语言间的。这种不确定性给法律翻译带来了挑战。

二、法律翻译与法律文化

法律文化具有独特的含义，是指特定社会中植根于历史和文化的法律价值和观念。张法连（2009）认为法律文化与法律制度既有联系又有区别。法律文化可分为内行法律文化与外行法律文化、官方法律文化与民间法律文化、主流法律文化与非主流法律文化、本土法律文化与外来法律文化以及传统法律文化与现代法律文化。在当代中国法治进程中，法律文化与法律制度之间以及不同法律文化之间存在冲突，我们应采取新的路径整合这些冲突。

法律语言是法律文化的重要构件，法律文化又是法律语言存在的背景条件。法律语言同样富含民族文化精神，代表着一个民族的价值体系，它就像民族共同语，将法律文化的民族特点体现到每一处，将法律文化的内在结构规范化。

在进行法律翻译时，必须理解蕴含在法律语言中的法律文化。这点显而易见。比如：一个不具备法律文化背景知识的人在翻译句子 He may earn merit good time for extraordinary behavior and industrial good time for partici pmionin the prison industries 时，很难将句中的 good time 理解为"减刑"，也很难区分有关 WTO 的 *Multilateral Trade Agreement*（《多边贸易条约》）和 Plurilateral Trade Agreement（《复边贸易条约》）之间的差异。

马莉（2010）认为，在法律术语翻译中要特别注意法律文化的缺省，特别是以下几方面的文化缺省。

（一）法律体系

法律体系，又称部门法体系，是指一个国家现行的全部法律按照一定的结构和层次组织起来的统一整体。受本国政治、经济、文化的深厚影响，一个国家的法律体系很少与别国法律体系相似，即使两个国家的法系相同，其法律体系也会有很多差异之处。

法律体系不同，很容易造成一国法律术语在另一国语言中的文化缺省。

中国与英美国家的法律制度，有很多差异之处，某些法律制度在

别国是完全看不到的，比如，"人民调解"（people's mediation）和
"劳动教养"（indoctrination through labor）这两个法律词语，在中国法
律语言中，它们有着特定的定义和专门的用法，而这在英美法律制度
中并不存在，也没有法律术语来表现。再比如，我国与美国的陪审制
度，虽然都被称之为"陪审"，但实质上却是大相径庭。由于两个法
系的文化传统、历史渊源等差异，中国的陪审员翻译为 judicial asses-
sor，而英美国家的陪审员则用 juror，所以，在法律语言翻译时一定要
注意表达的准确性。

有些学者认为，在法律语言中一词多义的现象不利于法律术语的
理解，也怀疑这对法制的统一是否有利、是否尊重。但是，由于法律
体系存在差异，很多部门法之间存在差异，法律词汇的翻译难度被大
大增加。所以，我们不得不面对法律语言的相对有限性和无限的法律
现象这两个事实，只能在具体的语境中判断法律词语的确切含义。

（二）法律概念

法律概念的特定性是造成法律语言翻译中文化缺省的原因之一。
在法律语言翻译过程中，对于法律概念的理解与特定的法律文化背景
的认知，都关系到翻译的准确性与严谨度，可谓"失之毫厘，谬以千
里"，所以翻译时，必须注意细微的差异，将其具体化，准确表述原
文含义，尽量避免解释不一。

司法制度的差异也影响着法律语言的翻译，以"判决"这一概念
举例，在英美法系中，陪审团制度（Jury）闻名遐迩，陪审团决定着
刑事案件的判决，法官只负责组织庭审、宣读判决。因此，在英美法
律语境中，"判决"一词是"verdict"，特指陪审团根据案件事实进行
判决，在没有陪审员的裁判（a nonjury trial）时，指法官对某一案件
的粗略判定以及验尸官的调查结果。在我国，陪审员可以介入诉讼，
但是并没有明确的陪审制度，最终对案件事实进行认定或判决的主要
是审理法官，所以，用 judgment 一词来翻译中文的判决更合适。

（三）文化语境

法律制度存在共性，法律语言也具有一定的普遍性，这对于法律语言的翻译非常有利，但是，各国语言都存在特性，拥有不同的语法语境，在翻译时会有文化差异，所以，如何在不同文化语境中实现译文的准确性是译者不得不探索的问题，它影响着法律文本的实用价值与功能，例如，在英汉法律翻译中，经常会出现一个问题，中文的某种文化寓意在英文中完全找不到痕迹，这就导致翻译受限。文化语境是在社会制度、历史环境、传统文化的影响中产生的，各国的法律文化语境必然存在差异性，所以在翻译过程中，为了保证翻译的准确性，不仅需要理解词义的浅层意义，还需掌握词语背后的文化引申内涵。

（四）民族心理

翻译法律文本时，译者可能会忽略源语文化独特的民族心理，以译者自己的文化现实为基础进行"归化"翻译，造成译文读者对原文的错误理解。

法律文化对于法律翻译的影响重大，只有精通法律知识、对语言运用自如，并且了解中西法律文化的背景与差异性，才能将法律术语准确无误地翻译到位。所以，要注重法律语言的学习、积累，多探索法律文化知识，做到信手拈来，深入了解中西法律文化背景，更加利于法律语言翻译。

第二节　英文法律文书的语言特征

一、法律英语的词汇特点

法律英语是一种专业英语，在词汇表达上有着鲜明的特点。主要有几个方面。

（一）专业术语

法律英语中的专业术语主要是指用来表达法律概念，具有特定法律含义的法律用语。法律英语的重要部分是法律词汇，这种词汇有着专业、独立的特征，是法律英语专业性最重要的体现。我们能够发现的是，不管是立法、诉讼还是合同英语，这些专业英语单词都是重要组成。比如，"一审"（first instance，trial of first instance）、"判决"（judgment）、"上诉"（appeal）、"终审"（final judgment）等专业术语主要在诉讼英语中使用，而"侵权"（tort）、"过错责任"（fault liability）、"连带责任"（joint and several liability）、"共同责任"（joint liability）等术语不但被用于诉讼，还经常用在立法英语。

人们常常结合特定场合，在立法和合同文书中将那些术语进行关键性定义。这些定义通常被区分为扩展性、限缩性两种解释。总而言之，不论是哪种专业术语，法律英语对其要求都是精准、规范。

（二）常用词汇转化为专业词汇

法律英语中有不少由常用词汇转化而来的专业词汇。对于这些由常用词转化而来的专业词汇，应从专业角度来确定其明确含义，而不能将其作为普通、常见的意思来理解。

（三）正式词汇

为了体现法律的严肃性，法律英语的措辞风格仍以严谨、庄重为主，在语体上则采用正式书面体，用词正式、规范。具体区别参见表7-1。

表 7-1 日常与法律英语词汇对比

日常英语词汇	法律英语词汇
before	Prior to
after	Subsequent to
begin	commence
According to	Inaccordance with
if	where, provided that
obey	Comply with
Ask for	pray
think	deem, hold
for	For the purpose of
by	By virtue of

显然，表中列举的日常用和法律用单词，都是同种不同义的，我们能够发现日常用词汇在形态上表现得更为简单，但是如果运用在法律英语中就不是那么合适了。这是由于日常用词汇难以体现法律的严谨。人们在编写法律英语句式的时候大多采取介词，形态上复杂，形式上正式，修辞上准确。比较符合法律严肃、庄严的风格。

（四）古英语

古英语（Old English）指约公元 1100 年以前的英语，中古英语（Middle English）则是指约公元 1100 年至 1500 年的英语。尽管法律语言的"简明化"呼声颇高，但是如果在法律语言中运用，措辞仍然要更加谨慎和传统。由于历史沿革，法律英语的编写仍然使用一些传统的英语术词，比如，hereby（特此、兹）、herein（此处），whereas（鉴于）等古体词大多数被用于法律英语中，因为这些词更能表现出法律的严肃性。

（五）外来词

人们用英语编写法律文体的时候大多数也使用一些来自拉丁语、

法语的外来词汇，法律英语中的拉丁语主要自公元 597 年基督教传入英国后逐渐渗入，而法律英语中的法语则主要是 11 世纪诺曼底人征服英国后逐渐从法语的法律词汇中借来的。比如，alieni juris（他人权利）、de facto（事实上）、in re（关于）、in rem（反对某物）、in personam（反对人的）、in statu quo（现状）、alibi（不在犯罪现场）、bona fide（真正的，真诚的）、quasi（好像，准）、per se（自身）、regestae（真的事实）、adhoc（专门的）等为法律英语中的拉丁语。而 estoppel、judge、laches、lien、quash、void、voirdire、Culpable、jury、lash、fee、breve 等则为法律英语中的法语。此外，一些外来词尤其是一些法语词语在词形上已与英语趋同，并成为日常英语词语，比如 judge、fee、proposal、entrance、date、schedule 等。

（六）模糊词汇

在英汉法律中，词汇大多数进行了模糊处理，比如，汉语法律文本中经常用到的"适当、若干、其他、严重、从重、从轻、减轻、必要、明显、重大、恶劣、显失公平、合理的、数额巨大"等词语在语义上具有不确定性，较为模糊。英语立法文本中也是如此，比如 further、general、perfect、somewhat、properly、lessthan、not more than、within、reasonable、other、necessary 等，也为模糊词汇。当然，此处指的模糊性绝不是法律语言文字存在歧义、语义模棱两可的意思，实际上，法律语言中大量使用模糊语囊括了概括、灵活、丰富等各种特点，这样一来就能够彻底地发挥好法律的功能。

二、法律英语的句法特点

从运用情况来看，法律英语同时在词汇和句法上都表现出了明显的特点，这样也就形成了自己独有的特点。

（一）长句

长句是法律英语的句法特点之一。据统计，在英语法律文件中，句子的平均长度约为 271 个单词，而科技英语句子的平均长度则只有 27.6 个单词。可以说，长句在法律文体中的使用频率远远高过其他文体形式。这是由于法律问题句式比较长，也更加复杂，多种形式集中构成的修饰语使用得更多一点。

例 1：If a letter or other writing containing a late acceptance shows that it has been sent in such circumstances that if its transmission had been normal it would have reached the offeror in due time, the late acceptance is effective as an acceptance unless, without delay, the offeror orally informs the offeree that he considers his offer as having lapsed or dispatches a notice to that effect.

该例共有 67 个单词，也是一个复合长句。较为复杂的是从句与主句中又有若干从句，可谓句中有句。对于此类复合句，可以先抓住句子的主干结构，即所谓的大句结构，然后再逐步深入各个小句，层层剖析。句子的主干结构为主从复合句，从句为连词 if 引导的条件状语从句；主句为 the late acceptance is effective…组成的一个主表结构。if 从句中包含 that 引导的宾语从句和 that 引导的同位语从句，该同位语从句中又包含一个主从复合句，以此限定 circumstance。再看主句部分，不仅有 unless 引导的虚拟条件从句，而且内有 that 引导的宾语从句，而该宾语从句中还有两个动词短语的并列结构。由此可见，句子在结构上可谓烦琐复杂，此类句套句的现象也是法律英语典型的句法结构特点。

例 2：The seller is also liable for any lack of conformity which occurs after the time indicated in the preceding paragraph and which is due to a breach of any of his obligations, including a breach of any guarantee that for a period of time the goods will remain fit for their or dinary purpose or for some particular purpose or will retain specified qualities or characteristics.

该例句的语法结构也不是很简单，尽管 the seller is also liable for any lack of conformity 作为主干结构统领整个句子，但其后有关系代词

which 引导的两个定语从句，而且第二个定语从句后又有一个插入语 including…，并占了整个句子的一半长度。该插入语中内嵌 that 引导的定语从句，并带有连词 or 连接的两个并列动词短语及两个并列介词短语。此类由主干结构后带出的多个修饰成分、并列成分及插入语等，可谓层层限定，环环相扣，这也是法律英语的句子结构特色。

（二）被动句

被动句在法律英语中使用的目的不但是为了强调动作，更是为了详尽地描述有关事项。这种语言要形成文章篇幅对行为人的权利、义务进行明确，具备了最强的法律效力。由此，我们能够看出法律文字应该更加公正、严禁，被动句刚好就能服务于这种目的。

例 1：The parties are considered, unless other wise agreed, to have impliedly made applicable to their contractor its formation ausage of which the parties knew or ought to have known and which in international trade is widely known to, and regularly observed by, parties to contracts of the type involved in the particular trade concerned.

例 2：Until a contract is concluded an offer may be revoked if the revocation reaches the offeree before he has dispatched an acceptance.

以上两例为立法文本英语中的句子，句中多处使用被动结构，例 1 中的 are considered、is widely known to、observed by 以及例 2 中的 is concluded 和 be revoked 等为较明显的被动结构，其使用效果充分体现了立法文本语言客观、公正、庄重、严肃的叙事风格。

例 3：Insurance shall be covered by the buyer against all risks, including war, strike risks, for 110% of invoice value.

例 4：All disputes arising from the execution of or inconnection with the contract shall be settled through friendly consultation.

例 3 与例 4 为合同英语中的常见被动句式。在合同中，英语也对包装、装运、支付等容易引发纠纷的问题使用了被动的结构，不仅突出主题，而且措辞严肃、庄重。

（三）陈述句

法律英语的主体是陈述式，通常不怎么使用祈使句、疑问句、感叹句，这种特性是由法律语言的专业性决定的。由此我们能够看出，法律语言主要是权利、义务、后果的一种表述，以陈述为主。由此，法律英语的主体其实就是陈述语句。

例 1：The seller must deliver the goods, hand over any documents relating to them and transfer the property in the goods, as required by the contract and this Convention.

例 2：The principal should insert the complete address of the drawee in the collection order.

例 3：Credits should clearly indicate whether they are revocable or irrevocable.

以上三个例句都采用陈述句式，主、谓、宾成分完整，指称直接，指向明确，很好地体现了陈述句式在法律语言中的语句功能。

（四）完整句

法律语言不但是以陈述为主，更要求表述完整、详尽、严密，杜绝由于缺省而发生的歧义。对此，法律英语在句子组成上大多为完整的结构，并且经常使用修辞、限定语，这样才能缜密地表达出意思。

例 1：Drafts and documents must be presented by the beneficiary to the negotiating bank or drawer bank within twenty-one（21）days after the date of is suance of transport documents but within the validity of this credit.

例 2：All banking charges（including advising commission, payment commission, negotiation commission and reimbursement commission）outside Alaska U. S. A. are for the account of the beneficiary.

以上两例分别对交单议付及银行费用做出了明确规定。例 1 对施体、受体、时间、方式、场所等进行了详尽说明；例2则在括号中对银行费用进行明确限定，可谓表意完整、严密。此外，此类句子各构成成分也较为完整，很少有省略的情形。

（五）if 句式

法律语言一般是由规则组成的，它对权利、义务、后果进行了详细的规定，特别是立法语言中，规定通常由假定、处理、制裁三种因素构成，假定、处理的要素更为明显，制裁的要素则相对来说隐形一点。我们可以认为，if 句式更加贴切这种要求，能够体现出法律的严肃性。

例1：If the seller delivers the goods before the date fixed, the buyer may take deliver yor refuse to take delivery.

例2：If the seller delivers aquantity of goods greater than that provided for in the contract, the buyer may take delivery or refuse to take delivery of the excessquantity. If the buyer takes delivery of all orpart of the excessquantity, he must pay for it at the contractrate.

例1与例2为英文本《联合国国际货物销售合同公约》第52条之规定。该条款全部采用 if 句式，为典型的"假定与处理"模式。比如，例1的"假定"为"卖方提前交货"；"处理"则为"买方可以接收或拒收货物"。其实该例还隐含着卖方应履行按时交货的义务，否则应承担相应的法律制裁后果的意思。

（六）shall 句式

法律文本中通常包含了强制、约束力，这样才能体现法律的严肃。对此，法律英语中大多数使用 shall 的句式，我们基本将这个单位认定为法律词汇，相当于汉语中的"应当"或"须"，表示法律责任或义务而不是一般的道义责任或仅表示将来时态。同理，该词的否定式 shalln't 则相当于汉语中"不得"的意思。

例 1：Where both parties violate the contract, they shall bear the liabilities respectively.

例 2：Drafts and documents shall be sent to us in one lot by registere dairmail.

例 3：The seller shall present the following documents required for negotiation/couection to the bank.

以上几例都采用"主语 + shall"的句子结构模式，强调所规定事项的强制性和约束力，语体庄重、严肃。另外，在法律英语中对于有关权利享有的规定，有时采用"主语 + may"或 been titled to 的句型模式。

（七）平行句式

法律语言中的立法文章通常采取条款式。如果我们将信息进行罗列，就要保证信息的完整，这样就对法律语言提出了严格要求。我们在法律汉语、英语中，通常采取平行句式的方式，这也是法律语言的特点。我们在法律语句中多数使用平行结构，从词、短句到段落。当然，平行结构要排列有序、结构对称，这样才能确保信息的完整，修辞效果也能更好地体现严谨性。

（八）惯用句型

人们通过长期的运用，已经将法律语言归纳成了很多种句式。例如，英语立法文本的序言部分通常采用 whereas, in view of, considering, given that 等引导的句型范式；此外，还有不少 means、includes、refers to 的惯用结构。而汉语立法文本的序言中则通常采用"为了……根据宪法，制定本法"（This law is enacted in accordance with…and for the purpose of…）、"本法所指的……是指……"等句型范式。

三、法律英语的修辞特点

语言活动离不开修辞，修辞是有效使用语言的艺术。修辞手法其实是一种思维，它囊括了选句、格式、组段等各个系列。从基础上分析，我们可以将其分为词语选用、句式变换以及段篇重组 3 种层次。修辞效果应体现一个文本的语言风格，日常语言的修辞效果侧重语言的生动、形象、诙谐、幽默，而法律修辞效果则应体现正式、严肃、庄重、严谨的法律文体风格。法律文本语言因其特殊的社会功能和在法律上的重要意义，使得法律修辞形成了自身的特点。以下从词语选用的层面分析法律英语的修辞特征。文中分析的语料主要选自《联合国国际货物销售合同公约》《跟单信用证统一惯例》《国际贸易术语解释通则》等英文本国际公约及国际惯例。

法律语言的权威性和约束力客观上要求法律语言在词语选用方面应遵循正式性、一致性、准确性和严谨性的择语标准。而在修辞层面上则表现为同义聚合体、对义聚合体、重复聚合体及正式书面体等措辞特点。

（一）同义聚合体

同义聚合体是指两个或两个以上意义相同或相近的词并列使用而组成的聚合体。聚合体中的各个词互为同义词或近义词。一般而言，同义词或近义词的概念意义或概念意义的主要方面是相同的，但其表示事物的范围、程度及在关联意义上仍然存在一定的差别。法律英语文本中的同义聚合体可分为两类，即"相同意义型同义聚合体"和"差别意义型同义聚合体"。前者追求相同意义，使原文的意思不被曲解；而后者则追求差别意义，使原文意思更加完整、准确。例如，terms and conditions，null and void，provisions and stipulations，deem and consider，claims or allegations，insufficiency or inadequacy 等为"相同意义型同义聚合体"，翻译时取其相同意义，可分别译为"条款""无效""规定""视为""主张""不足"等意思。而 amends and alternations，agent or representative，interpretations and construction，obligations and liabilities 则为"差别意义型同义聚合体"，翻译时就应考虑其差别意义，此处可分别译为"修改和变更""代理或代表""理解和解释""义务和责任"等意思。由于英汉两种语言的表达习惯及法律文化背景存在较大的差异，汉语法律文本中的同义聚合体较之英语法律文本要少得多。因此，翻译"差别意义型同义聚合体"也是法律文本翻译的难点所在，如果仅取其相同意义，则会导致译文失真。例如：

原文：Declarations made under this Convention at the time of signature are subject to confirmation upon ratifcation, acceptance or approval.

译文1：根据本公约规定，在签字时做出的声明，须在认可、同意时加以确认。

译文2：根据本公约规定，在签字时做出的声明，须在批准、接受或核准时加以确认。

此例中的 ratification, acceptance or approval 为同义聚合体，尽管含有"同意、认可"的含义，但此处三个词并列使用，侧重表达其差别意义，应属于"差别意义型同义聚合体"。其差别意义主要体现在"程序上"，因为一国要加入国际公约，需在该国履行一定的程序，结合公约的规定，任何国家一旦加入公约体系就要向联合国系统呈递批准、接受、核准以及加入文书。因此，译文2的语义更为完整、准确。

同义聚合体的修辞特征主要是体现了法律文本英语措辞的严谨性和准确性。为了杜绝一方因利用法律规范或合同措辞所存在的漏洞而逃避责任或义务，法律文本语言讲究用词的准确性和严谨性，追求语义确切、文意严密，避免产生歧义。

（二）对义聚合体

法律规范的主要功能是调节相关主体的行为关系，不论是强制还是任意性规范，它的行为主体、权利以及义务之间的关系都是相互对应的。体现在法律修辞上，则应强调措辞的对应性。不难发现，用词的对应性也是法律文本语言在修辞方面较为明显的一个特征。如果稍加留意，就可发现在法律、法规、合同文书的上下文中有不少词语在语义及形式上互为对应，处于并列、对等关系的词语聚合使用，称之为"对义聚合体"。

对义聚合体往往形成一种定型的表达方式，汉英两种语言在此方面差异不大。翻译时，如果能注意到上述修辞特征，即可采用套译法，根据译文语言的表达习惯，套用在语义及形式上具有对应关系的词语，使译文前后对应、统一。反之，如果忽视这一修辞特征，随意替换其他同义词或近义词，则难以体现其修辞效果，并有失于法律语言的严肃性和庄重性。

例1：技术转让合同可以约定让与人和受让人实施专利或使用技术秘密的范围。

译文1：The scope of the exploitation of apatent on the use of the technical know how-may be defined by the transferor and the assigneeina technology transfer contract.

译文2：The scope of the exploitation of apatent or the use of the know-how by the transferor and the transferee maybe agreed uponina technology transfer contract.

例2：受托人为处理委托事务垫付的必要费用，委托人应当偿还该费用及其利息。

译文1：In case the agent has prepaid the necessary expenses for handling the entrusted matters, the commissioning party shall reimburse the expenses and the interest thereof.

译文2：In case the agent has prepaid the necessary expenses for handling the entrusted matters, the principal shall reimburse the expenses and the interest.

显然，以上两个例句中的译文1没有体现对义聚合体这一修辞效果，尽管 the assignee 与 the transferee, the commissioning 与 the principal 在语义上意义相同，完全可以替换，但此处 the assignee 与 the transferor, the commissioning 与 the agent 在形式上是不对应的，这样的搭配尚欠严谨、规范，不符合庄重、严肃的法律文体的要求。译文 2 则很好地体现了对义聚合体的修辞效果。

（三）重复聚合体

日常英语特别是文学类的大多数选词比较灵活，同一种意思能够用多个同义词、近义词，这样会促使文章更加丰富、活泼。但是，法律文本则死板一点，它最为顾忌的就是使用同义词、近义词，否则不能体现出法律的严肃、准确性。例如，A party suspending performance, whether before or after dispatch of the goods, must immediately give notice of the suspension to the other party and must continue with performance if the other party provides adequate assurance of his performance. 此例仅为一个句子，而 suspend, performance, the other party 却分别出现两次及以上。可见，重复聚合体为法律语言常见的修辞特征。翻译时也是如此，译准了的词不怕在上下文中重复，要做到译文前后统一。其实，这也体现了统一性在法律文本中的地位。另一方面，法律界、翻译界在使用一些频繁的名称、概念的时候，必须要有统一、规范的表述。无论是任何一种语言，同义词、近义词的使用肯定会在意思、风格上存有差异。但是就法律语言来说，如果将同义、近义词随便用，就会导致含糊不清、概念混乱，更会为读者增加难度。

例 1：A contract is concluded at the moment when an acceptance of an offer becomes effective in accordance with the provisions of this convention.

译文 1：合同于按照本公约规定对发价的接受生效时订立。

译文 2：按照本公约规定，合同于要约承诺生效时成立。

这个例子讲的是国际公约对合同做出的正式规定，其中 offer、acceptance 是合同法中专业术词，译文 1 翻译为"发价""接受"。这样一来，译文就不符合法学界的相关术语。中国的《合同法》做出如下规定："设置合同，都要按照要约、承诺的方式，承诺一旦生效则基本成立了合同"。译文 1 中的"发价""接受"与"要约""承诺"在意思上大体一致，但是从专业层面上来看，它的表述则不是很准确，容易引发人们的误解，同时也失去了法律的严肃性。

例2 本规定适用于在中国境内投资举办中外合资经营企业、中外合作经营企业和外资企业的项目以及其他形式的外商投资项目。（《指导外商投资方向暂行规定》之第二条，1995 年 6 月 20 日国家计划委员会、国家经济贸易委员会、对外贸易经济合作部令第 5 号发布）

译文：These provisions shall apply to the projects of Chinese-foreign Joint Venture，Chinese-foreign cooperative enterprise，wholly foreign-owned enterprise，as well as to other forms of foreigninvestment projects.

译文中的 Joint Venture 意为"合营企业"，尽管与"合资经营企业"意义相近，但两者是有区别的，前者的外延明显大于后者。我们从各合营企业的立法中能够看出，依据法律条款，合营企业一般能够分为股份式和契约式两类形式。我国的中外合资经营企业是指外国的公司、企业和其他经济组织或个人同我国的公司、企业或其他经济组织依照中国法律在中国境内设立的企业法人组织。中外合资的企业大多数是股份式合营模式，尽管合营期间的各方并没有将出资分为股份制，但从法律的角度来看，各方都要按照注册比例进行分成和承担。因此，在翻译"合资经营企业"一词时，应将其理解为"股份式合营企业"，其对等的英文词应为 Equity Joint Venture。而"中外合作经营企业"在法律性质上应为"契约式合营企业"，即合营各方不是以股份形式出资，也不按股份分享盈亏和分担风险，而是完全依据合营契约的约定对企业享有权利和承担义务，其对应的英文词为 Contractual Joint Venture。据此，译文中的 Chinese-foreign Joint Venture 与 Chinese-foreign cooperative enterprise 没有体现上述两类企业各自确切的法律含义，译文意思模糊。此处可分别改译为 Chinese-foreign Equity Joint Venture 和 Chinese-foreign Contractual Joint Venture。引进外资是我国经济建设中的一项重要举措，此方面的法律、法规、政策、规定也特别多，而且多数有相应的英文译文。但是，不难发现，不少名称、概念、术语的英语表述缺乏统一，尤其是有关"中外合资经营企业"的英译，各种版本很多，如 Chinese-foreign Joint Venture，Sinoforeign Joint Venture，Chinese-foreign Enterprise，Chinese-foreign Venture，Joint Venture with Chinese and foreigninvestment，等等。如此重要的名称、概念，如果译名不统一，极易引起语义模糊、概念混乱，进而影响对外宣传的效果。

（四）正式书面体

尽管有不少学者提出，法律语言应通俗化，日常语言完全能胜任法律的交际任务，但作为具有普遍约束力的规范性法律文本，其文字应具有高度的概括性、准确性和严谨性，因此，立法机构或专门组织在起草法律文件时，在措辞方面仍沿用正式、刻板的行文传统和修辞风格，普遍使用书面语、古体词及专业词汇，以显示法律的权威性、严肃性和专业性，见表7-2。

表7-2 古体词与专业词汇对比

原文	译文1	译文2
终止	end	termmate
制定	make out	formulate
遵循	obey	abideby, comply with
变更	change	alter
撤销	cancel	rescind
实施	carrvout	implement
如果	if	where, provided that
为了	in order to	with a view to
依据	according to	in accordance with, pursuant to
解释	explanation	interpretation
以下	the following	hereinafter
鉴于、考虑到	considering	whereas
由此，借以	by which	whereby

很明显，通过表7-2发现，译文1、2在意思上是一样的，但是形式上却不同。译文1一般作为日常用语，但不适合用在法律英语中，很难体现法律的严肃性；而译文2则采用书面英语，甚至使用古体词，其修辞效果很好地体现了法律文本英语正式、庄重、严肃的语言风格。同理，翻译时译文措辞应尽可能采用正式书面体，与原文风格、修辞保持统一。

例1：The States Parties to this Convention，Bearing in Mind the broad objectives in the resolutions adopted by the sixth special session of the General Assembly of the United Nations on the establishment of a New International Economic Order.

译文1：这个公约的各当事国，应记住联合国大会第六届特别会议通过的关于建立国际经济新秩序的各项决定的总体目标。

译文2：本公约的各成员国，应铭记联合国大会第六届特别会议通过的关于建立国际经济新秩序的各项决议的总体目标。

译文1将this，bearing in mind，resolution分别译为日常用语"这个""记住""决定"，尽管语义相同，但不符合法律正式、庄重、严肃的文体风格。译文2则采用正式书面体，产生了很好的修辞效果。

法律具有很强的专业性和规范性，具有普遍约束力的法律文件通常是由精通法律的专家起草和把关的，在措辞层面上，除了普遍使用书面语之外，还有不少具有特定、明确的法律含义的专业术语及法律行话，其修辞效果则体现了法律语言的专业性和行业特性，比如 arbitration（仲裁）、endorsement（背书）、beneficiary（受益人）、right of recourse（追束权）、lien（留置）、force majcure（不可抗力）、mortgage（抵押）等。这些词语不仅体现了法律的专业性，而且具有单一性或不可替代性。而从翻译角度而言，译者除了要有扎实的语言功底之外，还应具备一定的法律素养，以便准确把握这些词汇特定的法律含义及修辞特性，使译文更好地体现法律语言的文体风格。

例2：The arbitral decision shall be taken as final. And shall be binding upon concerned parties.

译文 1：仲裁决定应认为是最终的，并对相关方具有约束力。

译文 2：仲裁裁决应视为终局，对相关当事人均具有拘束力。

尽管译文 1 与译文 2 意思相近，但译文 1 显然为普通译法，其词语选用和修辞效果难以体现法律语言的专业特性；译文 2 则为专业译法，尤其是将 be taken as final 译为地道的法律行话"视为终局"，充分体现了法律语言的行业特性。

第三节　法律文书翻译的原则与解析

本节通过分析经典的实际例子，提出在翻译法律语篇时需要遵循"准确、严谨、规范、统一"的四项原则，并着重提出是由法律语言本身的特性和一些特殊的法律功能效用而决定的此项原则。

一、准确原则

翻译的文章要准确无误地传达原文的信息、表述出原本文章的内涵即为准确原则。不管是文学作品的翻译，还是其他作品的翻译，准确无误的翻译都是必需的。但是，法律文章的翻译是极其特殊的，因为其中涉及了很多法律的专业名词，所以它对准确性的要求也十分高。法律文章里一般会明文规定或隐含有关当事人的权利义务以及法律后果，所以不仅要求翻译的文章内容确切，意思和原文基本相同外，表述也要更具专业性。若翻译后的文章和原本的文章有所差异，不仅不能够表述清楚原文的意思，甚至可能让别人曲解这篇文章的意思，而产生不必要的法律纠纷，或者让不法分子刻意利用文章里的漏洞而规避本应承担的义务与责任。所以，翻译的文章如果与原文有所出入是法律专业文献翻译所不能容忍的。

如何准确地翻译相关的法律文献，首先要注意相关的法律专业名词。专业名词就是在相关领域使用的具有特殊含义的词汇。在法律文件中通常会使用很多的法律专业名词，在语义上这些名词有着单一的特性，即只有明确的单个含义。如果要知悉了解和准确地使用这些专业名词，翻译者要熟悉涉及的相关领域知识，不然翻译出的这类专业性词汇不仅晦涩难懂还容易出现错误。

其次，翻译者还应该多加关注法律文章中关于缩略词、连词、近义词、时间词等词汇。因为在翻译这些词汇时，如果不细心注意，也比较容易出现差错。所以翻译法律文章的第一原则就是译文的准确性。若不能够准确地传达原本文章想要表述的内容，意义含糊不清，那就触犯了翻译法律文章的大忌，不管再怎么遵循其他的翻译原则，没有准确性的存在也就没有任何的意义了。所以，只有保证文章准确的前提下，依据法律专业语言自身的特性和其他的一些特殊法律要素，才能够掌握好其他的一些翻译原则。翻译者只有掌握好法律专业语言和篇章的特点，深入地了解其中的特殊含义，才能够更准确地翻译相关文章。另外，翻译者还要有一定的法律专业基础。

二、严谨原则

法律文章的庄重性、权威性与严肃性不只是要求用语严谨、准确，还要求使用的词汇必须是法律范围内要求的用语，使用时要严密谨慎，一定不能出错。所以严谨的法律译文可以当成是翻译法律语篇的另外一项重要原则。这项原则是在准确原则的基础上而提出的更高一阶层的翻译原则，即具有特殊性的法律语言的客观条件。法律文章翻译的严谨性主要表现于两个方面：一是结构严密的语句；而是谨慎的用词。

法律语言有着很强的法律约束行为能力，在保证用语准确的前提下，还应该严密谨慎使用词汇，不能出现差错，从而更好地表述法律文章的严苛性。在法律专业的英语使用中，并用近义词是表现法律语汇专业严谨的一个非常好的例子证明。

例 1：If a party has more than one place of business, the place of business is that which has the closest relationship to the contract and its performance having regard to the circumstances known to or contem-plated by the parties at any time before or at the conclusion of the contract. (《联合国国际货物销售合同公约》第 10 条)

译文：如果当事人有一个以上的营业地，则以与合同及合同履行关系最密切的营业地为其营业地，但要考虑到双方当事人在订立合同前任何时候或订立合同时所知道或所设想的情况。

例 2：A proposal is sufficiently definite if it indicates the goods expressly or implicitly fixes or makes provision for determining the quantity and the price. (《联合国国际货物销售合同公约》第 14 条)

译文：一个建议如果写明货物并且明示或暗示地规定数量和价格或规定如何确定数量和价格，即为十分确定。

例 3：An offer, even if it is irrevocable, may be withdrawn if the withdrawal reaches the offeree before or at the same time as the offer. (《联合国国际货物销售合同公约》第 15 条)

译文：一项要约，即使是不可撤销的，但若撤回通知于要约送达受要约人之前或同时送达受要约人，该要约可以撤回。

例 4：Additional or different terms relating, among other things, to the price, payment, quality and quantity of the goods, place and time of delivery, extent of one party's liability to the other or the settlement of disputes are considered to alter the terms of the offer materially. (《联合国国际货物销售合同公约》第 19 条)

译文：有关货物价格、付款、货物质量和数量、交货地点和时间、一方当事人对另一方当事人的赔偿责任范围或解决争端等的添加或不同条件，均视为在实质上变更要约的条件。

以上几例中的 known to or contemplated, before or at, expressly or implicitly before or at the sametime, additional or different 等词语主要由连词 or 构成并列动词、并列介词、并列副词、并列形容词等形式，它的主要功能效用是为了保证文章意义的严密性，能够充分地表现出法律语言严谨的言语特征。在对这些法律语汇进行翻译时，一定要非常熟悉了解这些语汇的词汇构成特性和在语篇中想要传达的内在含义，并从法律的专业层面出发进行翻译，最终的翻译成果应该是完整连贯的，不能为了让文章读得通顺而随便地删减翻译词语，这样有失被翻译的法律语篇的严密性与严谨性。

另外在进行法律语篇的翻译时，其中涉及的数字、金额也需要多加关注话语的严谨性。

例 5：装船前 10 日内买方应将合同金额的 30% 电汇给卖方。（合同范文中的"支付条款"）

译文 1：30% of the contract value shall be paid by T/T by the Buyer to the Seller within 10 days before the shipment.

译文 2：Thirty percent（30%）of the contract value shall be paid by T/T by the Buyer to the Seller within ten（10）days before the shipment.

该例为合同中的支付条款，译文 1 与译文 2 在准确性方面都不存在问题，但就严谨性而言，译文 1 尚有欠缺。在法律语篇中，对于数字的翻译，应尽量采用大小写并述，一是为了更好地显示法律语篇的严肃性，二则也杜绝了不法商篡改的余地。译文 2 很好地做到了这一点。

例 6：合同总金额：肆拾万美圆。（合同范文中的"价格条款"）

译文 1：Total contraet value：MYM400,000.00

译文 2：Total contract value：Four Hundred Thousand Dollars

译文 3：Total contract value：USMYM400,000.00（Say：United States Dollars Four Hundred Thousand Only）

译文 1 和译文 2 的意思已基本达到准确，在日常的人际交往中也常常运用这种表达方式，但是放在翻译的法律语篇中，这种表达方式就显得不够严谨，不能达到原本法律语篇要求严谨的条件。所以不管是用 Dollar 还是 MYM 来标示美元，都感觉有些不严谨。另外，在进行金额词汇的翻译时无懈可击，充分体现法律语篇的严谨性。

法律文章要求句子具有严谨性和逻辑性，篇章构造也要十分完整。所以法律篇章一般都是运用条款的方式明文规定相关当事人的权利义务和法律责任。不管是合同文书还是立法等其他法律文件，都直接强调了法律叙述关系的严密性与完整性。所以法律文章中的句子大多不会用省略句而是用完整的陈述句。很多时候只用一个句子叙述一项义务或者是权利，而且意义十分明确、直接，具有逻辑性。所以法律文章中有用长句的特点也是因为这个条件。在用英文进行法律翻译时，重要的句法特征中就有长句这一点。

英语和汉语在思维与表述上有着很大的不同。如汉语强调的意义结合，即将语言和意义相互联系起来；而英语则是侧重于形式的结合，更多的是运用连接词。这个例子中的汉语条款对"中止履行"与"合同恢复履行"分别做了相关的规制，达到了汉语的惯用表述与法律文章的条件。不过在翻译成英文时，应该充分地思考到这两种语言的惯用表述和文章作风。译文 1 语句的表述通顺、准确，但是从句子语法方面来看，却不怎么严谨。若是可以加入 and 把两个句子变成一个句子，这样不仅达到了英语句法的构句特色，还表现出了法律用句的严谨性。其实，翻译的人应该多阅览、学习相关的英文法律文献，这样就能更加知悉法律用语的特点，并对严谨的法律用语用法产生深切的共鸣。

三、规范原则

想要将专业的法律文献翻译准确并不容易，而因为法律的严谨性，对要翻译的文献也就要求更高。不过法律文章的翻译原则并不止于这两个条件，还要求翻译的文章应该达到相应的标准。翻译法律文章的规范性一般是指语汇的使用、选择的句段篇章一定要适用于法律行业特点的基本标准范例和已经既定的法律要求。法律用语和非法律用语之间在语汇、句式、篇章上有着十分明显的差异。一份规范的法律文本，应该是使用书面化的、正式化的用词，语句多用完整的陈述式架构，而篇章构造上则显示出高度的程式化构造。若一个翻译的文本大多用口语化的表达，条理不清晰，文章构造混乱，这明显不符合法律文章规范的条件。所以法律文章翻译的规范性可以作为翻译相关法律语篇时的第三项原则。规范原则并不一定就是严谨原则的上位原则，二者从根本上看是在同一个标准线上的，不过就是侧重的地方不同。下面将从语汇、语句、语篇三个点出发探究翻译法律文章的规范性原则。

一份法律文献，首先应该与语汇方面的规范性条件相符合。法律的专业性词汇与普通词汇共同组成了法律语汇。法律的专业性词汇是在法律专业的语言中最为重要的词汇，主要是适用于法律专业的范围，是法律语言的主要表现形式。而法律本身就是十分正式、严谨和规范的。在法律文章中，就算是普通的语汇，也会比日常使用的语汇更加规范正式，它的宗旨是在于更好地表现法律专业语言严谨的特点。

如前所述，法律语言在句式上的规范原则表现为多用完整的陈述结构，尽量避免使用疑问、感叹、省略结构，主题突出，指向明确。在法律语篇翻译实践中，译者应熟悉英汉两种法律语言的句法规律，掌握常见的句型模式，做到译文符合法律语篇的规定范式。

法律语篇在进行翻译时，应该掌握好高强度标准的法律语篇特性，在整个文章的架构上遵从他们本就已经达成的旧的范例，采纳的格式和表达方式应该是十分规范的，这样才能更好地去表现法律中语言运用的严苛性、庄重性与规范性。

四、统一原则

法律语篇翻译的第四项原则为统一原则。统一原则是指在法律语篇翻译过程中，同一法律词汇或同一意思的表述，尤其是一些重要的法律名称、法律概念、法律术语，在各种法律文本中或在同一法律文本的上下文中必须保持完全一致，不得以求得语言生动灵活为名而随意变换译文或另立门户。遵循翻译的统一性原则，商贸翻译是这样，法律翻译更应如此。

综合上面的观点来看，法律上的语句语段翻译的准确、严谨、规范、统一的四项原则，其实就是由法律语言本身的特性和法律的功效性能来决定的。只运用普通不专业的翻译方式，或者只是单一地强调翻译文章的通顺、文笔精彩但却忽略了法律语言在言语和文字方面的严谨性，这会影响到法律翻译的整体的成效和作用，因为如果出现一定的语言错误，可能会引起法律纠纷。翻译法律语篇时，一定要注意翻译后的文章要遵循上述的准确、严谨、规范、统一的四项原则，翻译者不仅应该有着非常扎实的语言基础，还应该有一定的法律专业基础，知悉法律文章的特点，并且一直累积翻译法律文章的实践经验。

参考文献

［1］宋红波. 实用文体翻译教程［M］. 北京：清华大学出版社，2016.

［2］芒迪（MundAy，J.）. 翻译学导论：理论与应用［M］. 李德凤等，译. 北京：外文出版社，2017.

［3］张美芳. 功能途径翻译：以英汉翻译为例［M］. 北京：外文出版社，2015.

［4］张东东，姜力维. 功能翻译理论与应用笔译研究［M］. 北京：外文出版社，2015.

［5］朱小雪等. 翻译理论与实践：功能翻译学的口笔译教学论［M］. 北京：北京大学出版社，2010.

［6］陈建平等. 应用翻译研究［M］. 苏州：苏州大学出版社，2013.

［7］常玉田. 商务汉英翻译［M］. 北京：对外经济贸易大学出版社，2010.

［8］陈小慰. 新编实用翻译教程［M］. 北京：经济科学出版社，2011.

［9］李萍. 应用翻译教程［M］. 武汉：华中科技大学出版社，2017.

［10］傅敬民. 翻译研究：学科意识及学科体系化［J］. 上海大学学报（社会科学版），2016（5）.

［11］方梦之. 应用翻译研究的新起点［J］. 上海翻译，2013（3）.

［12］方梦之. 应用翻译研究：原理、策略与技巧［M］. 上海：上海外语教育出版社，2013.

［13］方梦之. 实用文体汉译英［M］. 青岛：青岛出版社，2003.

［14］方梦之. 应用翻译教程［M］. 上海：上海外语教育出版社，2004.

［15］毛荣贵. 新世纪大学英汉翻译教程［M］. 上海：上海交通大学出版社，2002.

［16］司显柱. 从功能语言学的语言功能观论翻译实质、翻译策略与翻译标准［J］. 中国翻译，2005（3）.

［17］张美芳. 功能加忠诚［J］. 外国语，2005（1）.

［18］贾文波. 应用翻译功能论［M］. 北京：中国对外翻译出版公司，2004.

［19］黄忠廉. 应用翻译学名实探［J］. 中国外语，2013（4）.

［20］黄忠廉，朱灵慧. "应用翻译学"重构及其文库构想［J］. 上海翻译，2017（3）.

［21］于瑞华. 詹姆斯·霍姆斯和他的翻译学构想［J］. 大众科技，2008（11）.

［22］许艺萍. 翻译学理论创建研究——《翻译学的名称与性质》述评［J］. 科教导刊（上旬刊），2016（11）.

［23］许钧. 中国翻译研究［M］. 上海：上海外语教育出版社，2009.

［24］李文革. 应用文体翻译实践教程［M］. 北京：国防工业出版社，2013.

［25］武锐. 翻译理论探索［M］. 南京：东南大学出版社，2010.

［26］冯修文. 实用文体翻译［M］. 上海：上海交通大学出版社，2012.

［27］潘庆云. 法律文书学教程［M］. 上海：复旦大学出版社，2005.

［28］Gentzler, Edwin. Contemporary Translation Theories（Revised Second Edition）［M］. 上海：上海外语教育出版社，2004.

［29］New mark, Peter. Approaches to Translation［M］. 上海：上海外语教育出版社，2001.

［30］New mark, Peter. A Textbook of Translation［M］. 上海：上海外语教育出版社，2001.

［31］Nida, Eugene. Language and Culture Contexts in Translation［M］. 上海：上海外语教育出版社，2001.

［32］Nord, Christina. Translating as a Purposeful Activity, Functionalist Approaches Explained［M］. 上海：上海外语教育出版社，2001.

［33］Reiss Katharina. Translation Criticism：The Potentials & Limitations［M］. 上海：上海外语教育出版社，2004.

［34］Snell-Hornby, Mary. Translation Studies, An Integrated Approach［M］. 上海：上海外语教育出版社，2001.

［35］陈小慰. 翻译功能理论的启示［J］. 中国翻译，2000（4）.

［36］方梦之. 我国的应用翻译：定位与学术研究［J］. 中国翻译，2003（6）.

［37］贾文波. 文本类型的翻译策略导向［J］. 上海科技翻译，2004（3）.

［38］庄绎传. 英汉翻译简明教程［M］. 北京：外语教学与研究出版社，2002.

［39］陈宏薇. 新编汉英翻译教程［M］. 上海：上海外语教育出版社，2004.

［40］李长栓. 非文学翻译［M］. 北京：外语教学与研究出版社，2009.